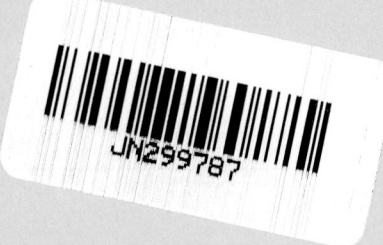

楽しく
グーングーン
うまくなる

卓球3ステップレッスン

Table Tennis
3Step Lesson
For Beginners

著・大橋宏朗
卓球指導者

Contents

※本文の解説および図は、右利きを想定して説明しています。
左利きの場合は、左右が逆になります。

表紙カバー＆本文デザイン ―― ポンプワークショップ

表紙イラスト ―― 天田陽子

撮影 ―― 江藤義典（PACO）

撮影協力 ―― 森町立森中学校

はじめに

3つのステップで楽しく上達しよう！

卓球はすごく楽しいスポーツですが、最初のうちはちょっと難しく感じる人もいると思います。「ラケットにボールが当たらない」「思ったように打ち返せない」と悩んでいるビギナーの方も多いでしょう。本書では、そのような初級者の皆さんのために、できる限り早く、そして楽しく上達できる上達法を紹介していきます！

上達のポイントとなるのが「段階的なレベルアップ」です。なるべくカンタンな動きからスタートしていき、徐々に実戦的な動き、身につけたい技術につなげていくのです。本書では、ひとつの技術に3つのステップを設けて説明をしていきます。自分のレベルに合わせて、ホップ・ステップ・ジャンプと上達していきましょう！

本書の活用法

工夫しながら、柔軟に楽しく練習しよう

本書は、様々なテクニックを3つの習得段階に分けて紹介しています。【HOP《ホップ》】【STEP《ステップ》】【JUMP《ジャンプ》】と順番に練習していくことで、よりスムーズに技術を身につけていくことができます。

ただし、各段階を完璧にできるようにならなければ、次のステップに移ってはいけないということではありません。【HOP】をやりながら、【STEP】や【JUMP】を試して、その難しさを知ることは、むしろ良い体験になると思います。また、紹介する3ステップはあくまで一例ですので、練習者のレベルなどに合わせて、どんどん工夫を入れて、練習法を変えていくのもOKです！

また紹介する練習は、たくさんのボールを用意して送球者が練習者に一球一球ボールを出す、「多球練習」形式のものが多くありますが、必ずしも多球練習で行わなければならないというわけではありません。ボール1個で行うラリー練習でも同様の効果を得られます。卓球で上達するには、頭と体の柔軟性が大切です。あまり型にはまらず、練習法にしばられず、自由に楽しくプレーしてください。

著者紹介

大橋宏朗（おおはし・ひろあき）

1963年8月31日生まれ、北海道出身。中学校の教諭として卓球部を指導し、北海道の上磯中学校時代は、ほとんどが中学から卓球を始めた選手でありながら、平成11年度全国中学校選抜大会準優勝、平成12年度全国中学校卓球大会準優勝などの結果を残す。

初心者へのわかりやすい指導法や楽しみながらできるユニークな練習法に定評があり、月刊『卓球王国』で連載した「大橋流レッスンで楽しくレベルアップ」（2012年9～12月号）も好評を博した。平成21～24年度まで北海道の森中学校の教頭を務め、平成25年4月から長万部中に校長として赴任。

モデル

北海道・森町立森中学校卓球部

部員のほとんどが中学から卓球を始めているにもかかわらず、全国中学校選抜大会北海道予選では、平成23年度男子3位、平成24年度女子準優勝と活躍。

※撮影は2012年11月のもの

BASIC OF TABLE TENNIS

Lesson 1

卓球の基本

ラケットは2種類!

手のひらで握る“シェーク”と、指先で握る“ペン”

卓球のラケット(木の本体)とラバー(ゴム)は別売り。それを貼り合わせて「競技用ラケット」ができあがります。

まずはラケット本体のタイプを選びましょう。ラケットは「シェークハンド」と「ペンホルダー」の2種類があります。手のひらで握るシェークと、指先で握るペン。実際に握ってみて、やりやすそうなほうを選びましょう!

シェークハンドラケット

現在、主流のラケットで、両面にラバーを貼り、両面を使って打つタイプ。握手をするように握り、両面で同じくらい強いボールを打つことができます。

“握手する”ように握る

- ▶両面で打つ
- ▶フォアもバックも強い
- ▶手のひら感覚で打てる

▶フォア、バックについてはp.16を参照

"ペンを持つ"ように握る

ペンホルダーラケット

親指と人差し指でペンを持つように握るラケット。オモテ面のみにラバーを貼って、全部のボールをオモテ面で打つタイプと、両面にラバーを貼って、シェークのように両面で打つタイプに分けられます。

- ▶片面または両面で打つ
- ▶フォアが特に強い
- ▶細かい技術がやりやすい

中国式

シェークの柄《え》(グリップ)を短くしたような形状。近年は、両面にラバーを貼るスタイルが多くなっています。

日本式

柄に人差し指をかけるコルクがついている形状。通常はオモテ面のみにラバーを貼って使いますが、両面に貼るのもOK。

ラバーは「裏ソフト」から

種類豊富なラバー。まずは「裏ソフト」を選ぼう

ラバーはラケット以上に豊富な種類がありますが、初心者は定番の「裏ソフトラバー」を使うのがオススメです。

ひと通りの技術を練習して、プレースタイル（戦型）が決まったら、必要に応じて他のラバーも試してみましょう。

回転がかけやすい ラバーの定番

裏ソフトラバー

▶スピンがかかる
▶スピードも出る
▶世界で最も使われている

表面が平らで、回転をかけやすいタイプ。スピンとスピードの両方が出しやすく、初心者からトップ選手まで、一番多く使われているラバーです。卓球で重要な「回転」について学ぶためにも、初心者は裏ソフトを選ぶと良いでしょう。

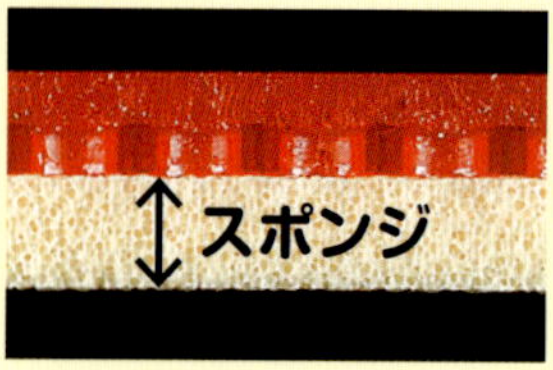

スポンジは「厚さ」を選べる

ラバーはスポンジの厚さを選べます。「特厚」「厚」「中」「薄」などの種類があり、厚いほどよく弾んで、重量が重くなります。初級者は「**中**」や「**厚**」から始めて、うまくなったら徐々に厚くすると良いでしょう。

表面がツブツブ

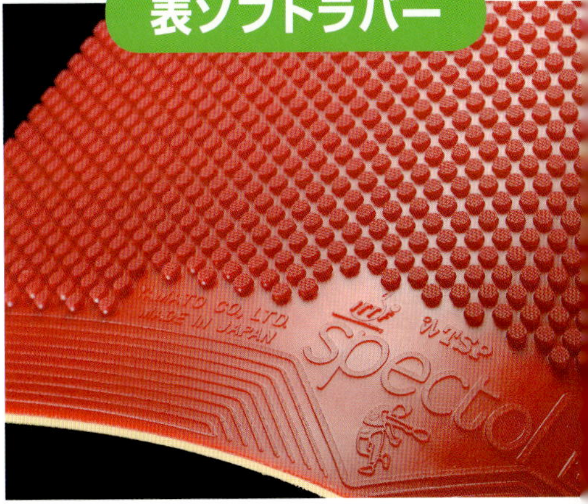

表ソフトラバー

平らな裏ソフトとは違い、表面がツブツブになっている「表ソフトラバー」や「粒高《つぶだか》ラバー」というものもあります。粒が低い「表ソフト」は速攻向け、粒が高い「粒高」は変化プレー向けのラバーです。回転のかけやすさでは、これらのラバーより裏ソフトのほうが優《すぐ》れています。

初心者はまず「裏ソフト」で「回転」を覚えよう！

■ まずは近くの卓球専門店でチェック！

卓球用具はたくさんあり、初心者のうちはカタログを見ても、どの用具がいいのかわからないと思います。まずは近くの「卓球専門店」に足を運んでみましょう。専門店の店員さんは用具の知識が豊富なので、適切なアドバイスをしてくれるはずです。それを参考に、自分で実際にラケットを握りながら、感触がいいものを選ぶと良いでしょう。

イラスト
ヒラヤマユウジ

強くなる“握り方《グリップ》”の極意

シェークラケット

“つな引き”でつなを握る感覚

シェークラケットを握る場合、“つな引き”でつなを握ることをイメージしてください。人差し指と親指の間から手首に向かうところにつなが入ると思います。この位置に、つなの代わりにラケットの柄《え》（グリップ）を乗せれば、軽く握っても力を入れることができます。

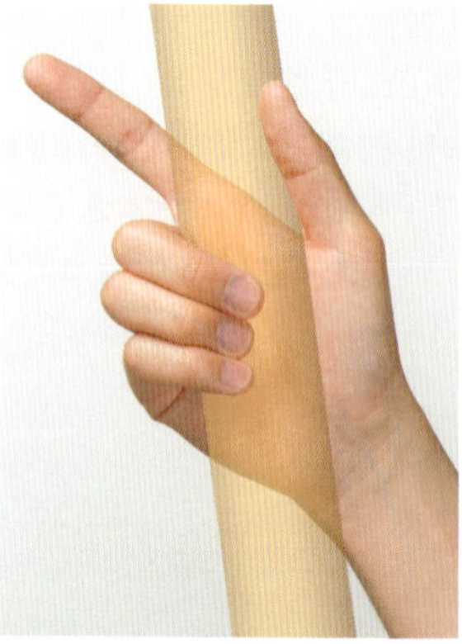

3本指は斜《なな》めに入る

“つな引き”のイメージで軽く握ると、自然と3本の指（中指、薬指、小指）が柄に対して斜めに入ります。この状態だと力を入れやすいでしょう。

親指は自然に添える

親指は自然と添《そ》えればOK。バックハンドを振る時は、親指がやや伸びたり曲がったりしても問題ありません。

△

3本指が柄に垂直になる握り方だと、指に力が入り、細かい技術がやりにくい

フォア重視　オススメ!　バック重視

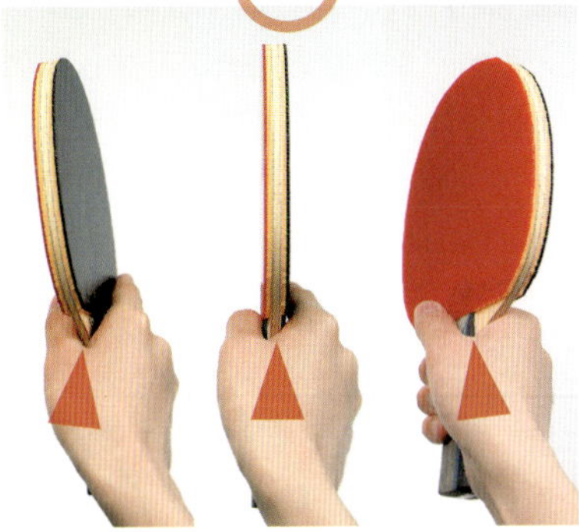

親指と人差し指の中間に

握ったラケットを上から見た時に、ラケットがちょうど親指と人差し指の中間にくるのが基本です。

一歩進んだアドバイス

中・上級になると、フォアハンドを強化するためにやや親指側にラケットを移したり、バックハンドを多彩にするためにやや人差し指側にずらすこともあります。

人差し指は縁《ふち》にかかるくらい

人差し指の先端は、ラケットのふちにかかるくらい（丸印）に置くのが一般的です。このあたりに置くと手首の自由が利きます。

一歩進んだアドバイス

中級以上では、フォアハンドで強打するために、人差し指がやや中央方向を向く選手や、逆にバックハンドで強打するために、人差し指をラケットから少しはずして持つ選手もいます。

ペンラケット

人差し指は少しあける

ペンラケットを握る場合、人差し指のつけ根部分は、少しすき間を空けましょう。そうすることで、手首の力が抜けて楽に動くようになり、レシーブなどの細かいプレーがやりやすくなります。

人差し指のすき間がなくなると、手首が利きにくくなる

親指は第一関節くらい

親指は第一関節から先がラケットに乗るくらいが標準。もう少し浅く持つことも可能です。

指導者の方へ

選手と相談して、少しずつ応用的グリップへ

シェークでもペンでも、卓球を始めた段階では基本的なグリップを決めておき、その選手の特徴が生まれてきた段階で、少しずつグリップを変更していくことをオススメします。グリップを決める時、一方的に「こう持て」と言うと、筋《すじ》を傷《いた》めるなど、どこかに支障が出てきます。選手本人の感覚をよく聞きながら話し合って、基本的グリップと、それを生かした応用的グリップを考えていってください。

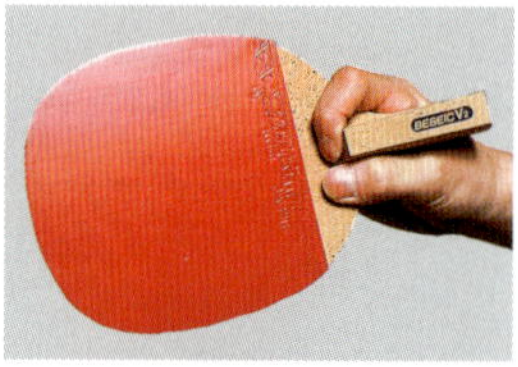

メインの写真は中国式ペンですが、日本式ペンの握り方もポイントは同じ

手の中にピンポン球を入れて
ラケットを握った時くらいが、
ちょうどいいグリップになる

裏面の指は軽く曲げる

裏面の指は軽く曲げるのがオススメ。そうすることで様々な技術がやりやすくなります。

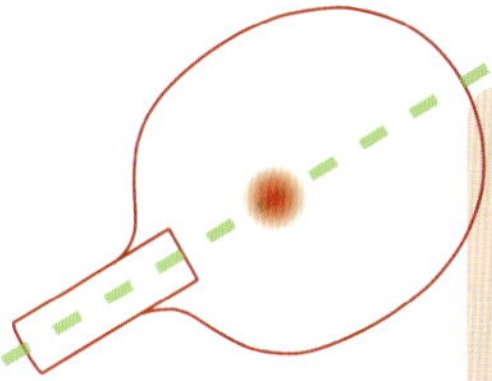

一歩進んだアドバイス

フォアで強打を打つタイプの選手は、裏面の指が「グリップの延長上」にくるようにすると、威力を出しやすくなります。

一歩進んだアドバイス

裏面の指はやや曲げたほうが、レシーブなどで細かいラケット操作ができますが、指を伸ばすとラリーがやりやすくなります。確実なラリーを重視する人なら、指を伸ばす握り方もOKです。

技術にまつわる必須ワード

●フォア・ミドル・バック

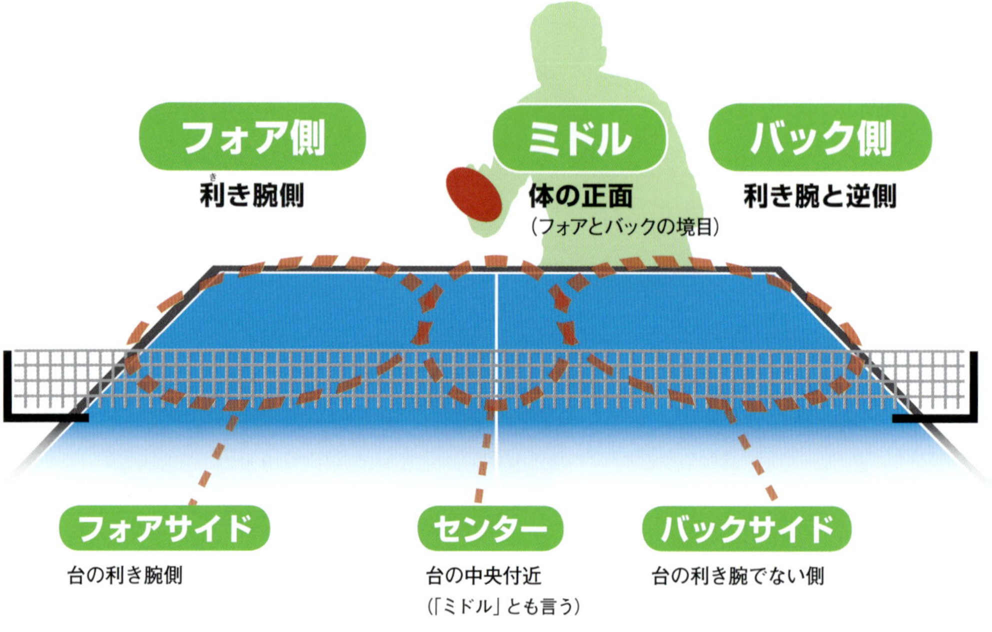

※正確に言うと、右ひじより右側で打つのがフォアハンド、左側で打つのがバックハンド（右利きの場合）

●打球コースとプレー領域

クロス

台に対して対角線上に打つ方向

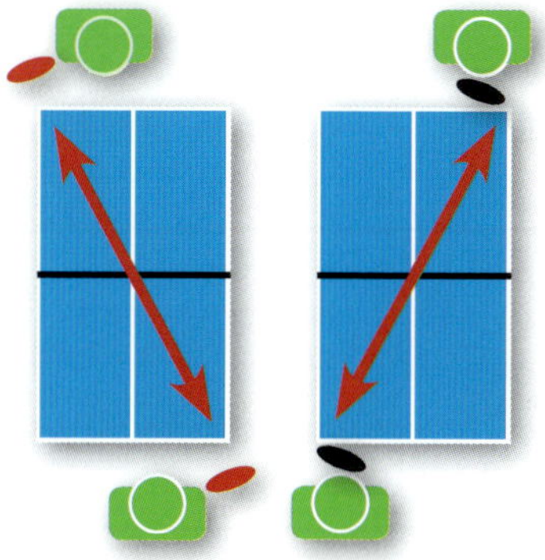

自分のフォアサイドで打つのが「フォアクロス」

自分のバックサイドで打つのが「バッククロス」

ストレート

台のサイドライン（またはセンターライン）に平行に打つ方向

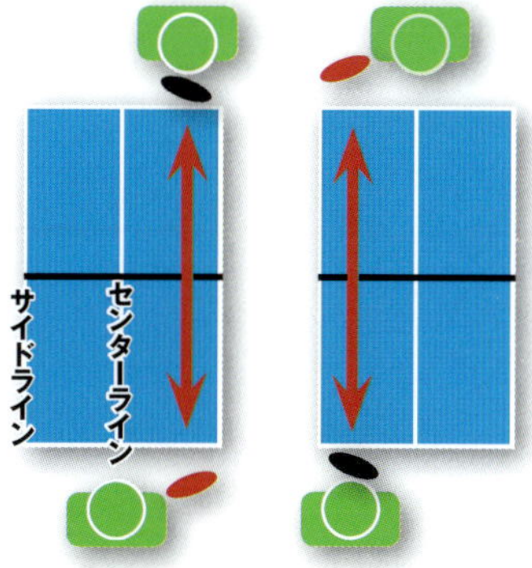

自分のフォアサイドで打つのが「フォアストレート」

自分のバックサイドで打つのが「バックストレート」

ワンコース

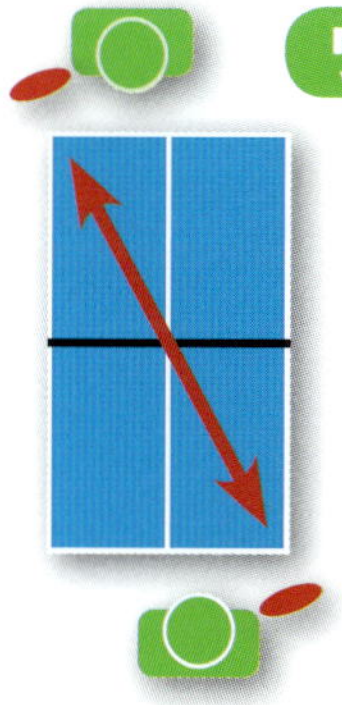

お互いに打つ方向を変えず、一定のコースで打つ

ランダムコース

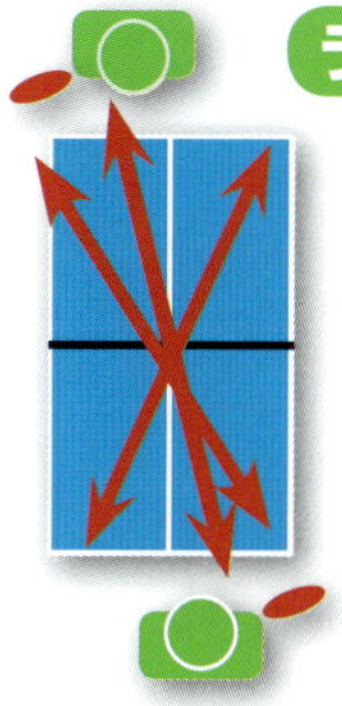

お互いに打つ方向は自由で、コースが不規則に変わる

台（エンドライン）からどれくらい離れた場所でプレーするかを示す用語が、「前陣」「中陣」「後陣」

台からの距離	前陣	中陣	後陣
	約0～1m	約1～2m	約2m以上

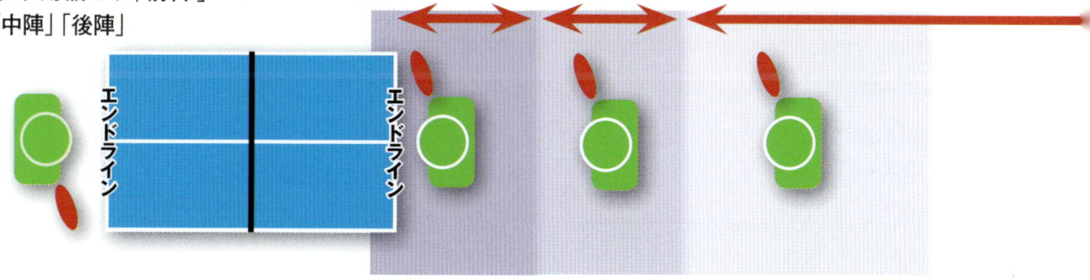

●スイングや腕に関する用語

ラケットハンド

ラケットを持っているほうの腕。右利きなら右腕がラケットハンド

フリーハンド

ラケットを持っていないほうの腕。右利きなら左腕がフリーハンド

※ルール用語では、ラケットハンドはラケットを持っているほうの「手首から先」、フリーハンドはラケットを持っていないほうの「手首から先」

バックスイング

打球する前にラケットを後ろに引く動作。打球に勢いをつけるために必要

フォロースルー

ボールがラケットに当たった後のスイング。フォロースルーがあまりに大きいと、次のボールを打つのに間に合わないので注意

イラストの見方

各練習法で出てくる、イラストの見方を紹介します。

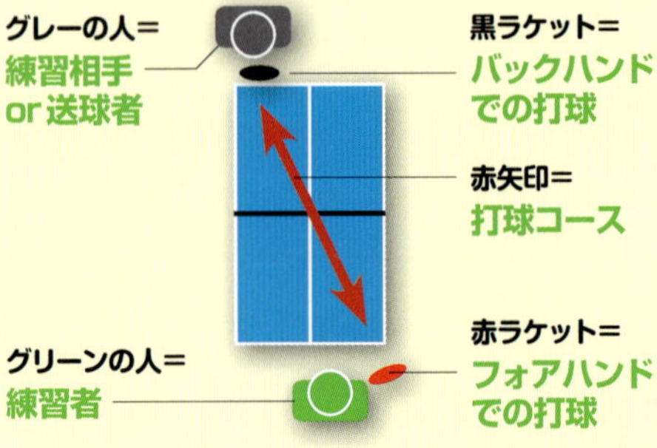

Lesson

2

BUILDING UP A FEELING

感覚練習

自由に両手を動かそう

まずはラケットを使わずに、手を動かす練習から

これから学ぶたくさんの技術を身につけていくためには、自分の体、腕を自由自在に動かせることが大切になります。また卓球は、片方の手にラケットを持ってプレーする競技ですが、ラケットを持っていないほうの手（フリーハンド）も重要で、スイングのバランスやボールの威力・安定性をアップさせる役割があります。

そこで最初は、ラケットを使わない、少しユニークな動作に挑戦して、両腕の動きを上手にコントロールできるようにしていきましょう。

一見、卓球には関係のない動きに見えますが、卓球の様々な技術の習得が早まることにつながっていきますので、ぜひ試してみてください。

感覚練習 A

右手は前後、左手は上下 同時に動かしてみよう！

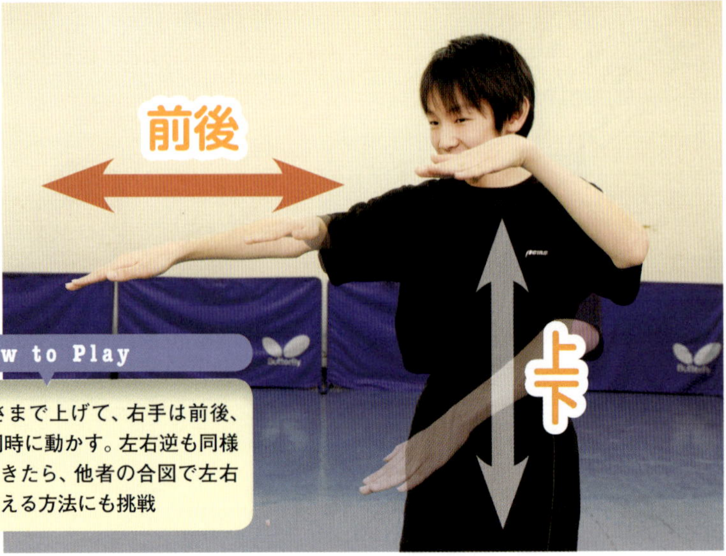

How to Play

両手を肩の高さまで上げて、右手は前後、左手は上下に同時に動かす。左右逆も同様に行う。慣れてきたら、他者の合図で左右の動きを切り替える方法にも挑戦

■ うまくできない時は、サポート役をつけよう

簡単そうに見えて、やってみると意外《いがい》に難しい2つの練習。何度やっても、なかなかうまくできない人もいるかもしれません。そういう人は、他の人にサポートしてもらうと良いでしょう。

たとえばBの練習をやる場合、自分は右手だけを回し、左手の回転は他の人に回してもらいます。サポートしてもらうことで、成功時の体の動きを体験でき、それを頭にインプットすれば、次はひとりでもできるようになります。

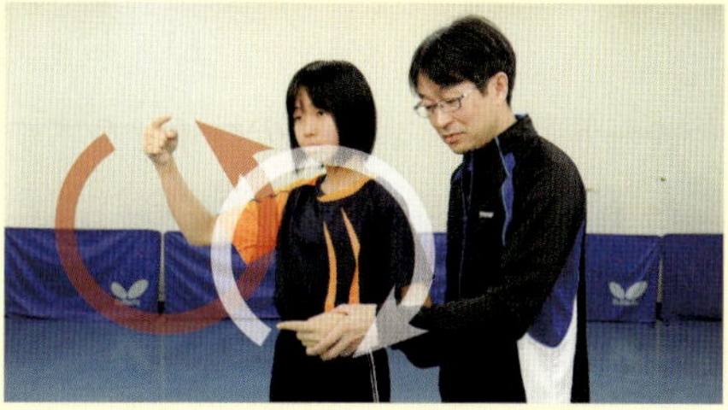

感覚練習 B

右手は手前に、左手は奥に逆回転で両手を回す

How to Play

人差し指を内側に向けて、両手を肩の高さまで上げる。右手を前後に回転させて、左手は逆方向に回転。左右逆にして同様に行い、慣れてきたら合図での切り替えにも挑戦

ラケット&ボールで遊ぼう

カンタン練習で「ボールを打つ」感覚を覚える

次は、ラケットとボールを使った感覚練習を紹介します。最初の段階では、まだ卓球台については打たず、ラケットでボールを打つことに慣れる、というところからスタートします。

ラケットとボールで行うポピュラーな感覚練習が、「ボールつき」と呼ばれる練習です。サッカーのリフティングのように、ラケットでボールを真上に打ち続けます。最初のうちは、なかなか連続して打てませんが、慣れてくると一定のリズムで何度も打ち続けられるようになります。連続でできた回数を数えて、他の人と競《きそ》いながら楽しくやりましょう。

感覚練習 C ボールつき

感覚練習 D

ボールつきで ラケット一回転！

基本の「ボールつき」ができるようになったら、飛ばす高さを意識的に変えたり、ラケットの逆の面で打ってみるなど、他の方法にもチャレンジしてみましょう。

上の写真は、ボールを打ち上げて、落ちてくる前にボールの周《まわ》りをラケットですばやく一回転させるという練習です。思いどおりに打って、なおかつ思いどおりにラケットを動かす能力を鍛《きた》えることが目的です。腕に力が入ると速く動かせないので、できる限りラケットを握る力を抜くことが大切です。

感覚練習 E

ラケットキャッチ 目指せノーバウンド！

卓球において非常に重要な「ボールを飛ばさない」感覚を身につける練習です。ボールはラケットに当たれば、何もしなくても勝手に弾むため、ボールを飛ばすのは結構簡単です。反対に飛ばさないほうが難しく、この感覚を身につけることで、ボールをコントロールする能力がさらに磨《みが》かれるのです。落ちてくるボールをラケットでキャッチして、うまくノーバウンドでキャッチできたら合格です。

この練習のポイントは、ボールが落下するスピードとラケットを下ろすスピードを同じにすること。腕&ひざのクッションを上手《じょうず》に使い、ボールの勢いを殺しましょう。

慣れてきたら、2人でのキャッチボールにも挑戦。ラケットで投げて、ラケットでキャッチ。これもノーバウンドでのキャッチを目指す

ちょいムズ
感覚練習
F

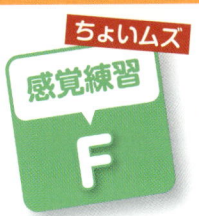

ハイレベルテクに挑戦！
クルッと裏面へ移動！

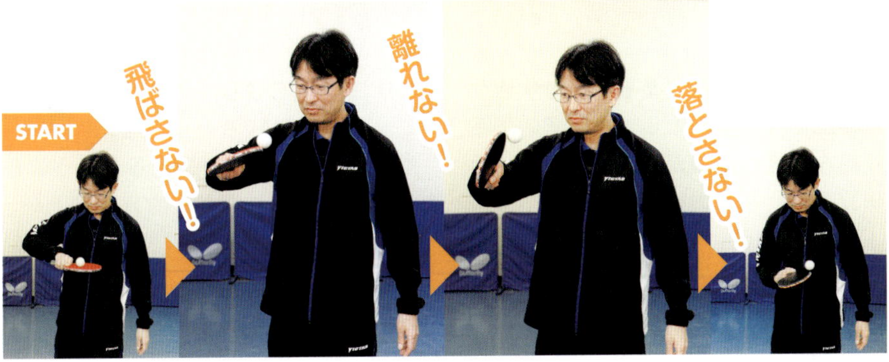
START
飛ばさない！
離れない！
落とさない！

　ボール遊びの最後は、ちょっと難しい技術を紹介しましょう。ラケットの上にボールを置いた状態でバランスをとり、そこからボールを手で触《ふ》れずに反対の面へスライドさせます。しかも、ボールはラケットから離れず、転がるようにして移動させるのです。フォア面からバック面、バック面からフォア面と自在にできるようになったらボールコントロール能力はかなりのものです！もちろんペンホルダーの人も挑戦しましょう。裏面にラバーを貼っていなくてもOKです。

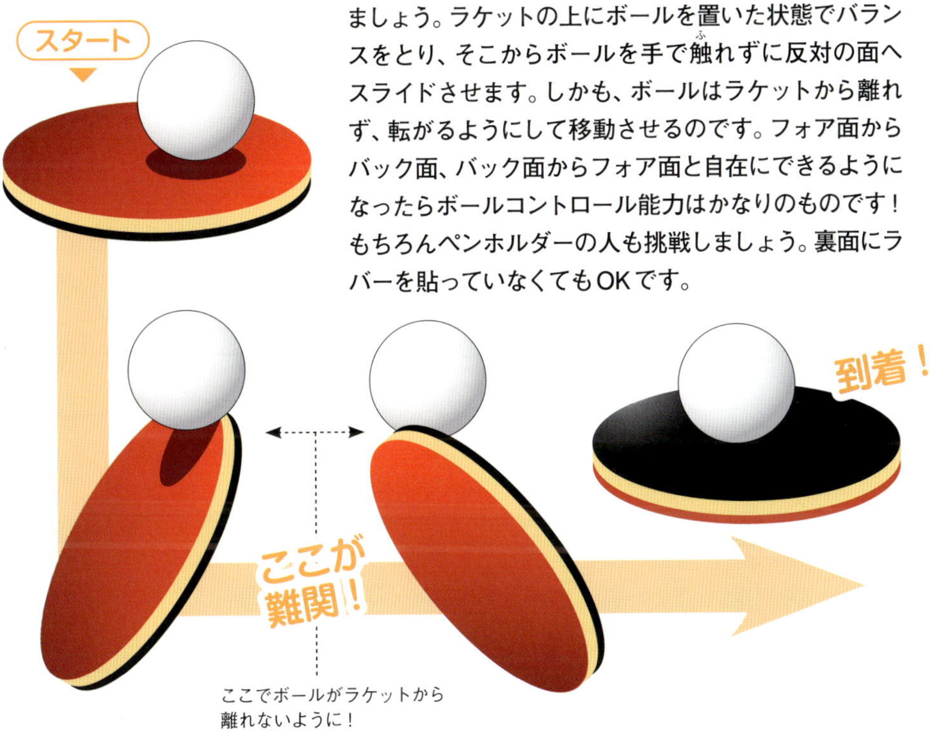
スタート
ここが難関！
到着！
ここでボールがラケットから
離れないように！

台の上で打ってみよう

ボールつきの感覚で少し前に打てばOK！

ボールつきに慣れたら、次は実際に台の上で打ってみましょう。そこで取り組んでほしいのが、「チョビ」という練習です。写真のように2人でペアになり、卓球台のネットのすぐ近くに立って、お互いに打ち合います。つまり、すごく小さいラリーをするということです。「いきなりラリーなんて難しい」↗

感覚練習 G

チョビ

オススメ練習!!

と思うかもしれませんが、ボールつきと同じ感覚で少しだけ前に飛ばして、ネットを越えればOKです。相手との距離も多少離れても問題ありません。最初は、高いボールでゆっくりと行いましょう。慣れてきたら、低く近くに飛ばして、お互いに打つテンポも早くしていきます。

この練習は、これから学ぶ様々なテクニックの土台となっていきます。少ない時間でも良いので、毎日取り組んでみると良いでしょう。

チョビは本当にオススメ！
毎日取り組みましょう！

やってみよう！ その他のチョビ的練習法

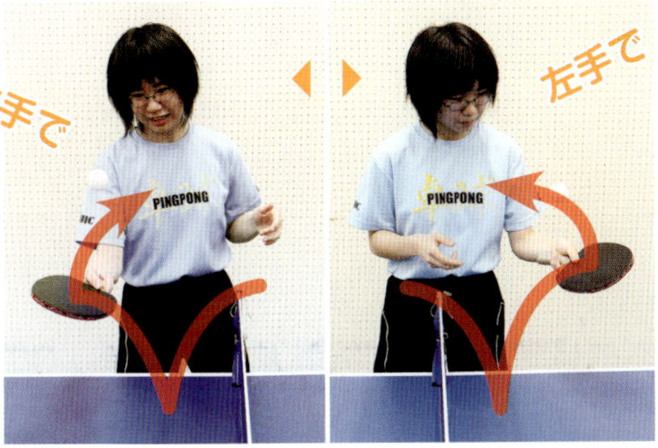

ライバルに
差をつける！

ひとりチョビ

ネットの横に立って、交互にラケットを持ち替えながら、右手対左手でひとりでラリーを行う

半面ゲームで
楽しく感覚をアップ

半面ラリー

卓球台のセンターライン上にネットを張って、横向きでラリーを行う。これで試合をやるのもオススメ。ネットが張れなければ、薄い箱などをネットの代わりにしてもOK

感覚練習 H

チョビの進化形【1】徐々に離れてみよう！

チョビがある程度できるようになったら、そのままチョビでラリーを続けながら、2人で少しずつネットから離れてみましょう。このように距離を変えていくことで、打つ強さのコントロールにつながります。

さらに、離れた位置から徐々にチョビに近づくという逆パターンにも挑戦してみましょう。

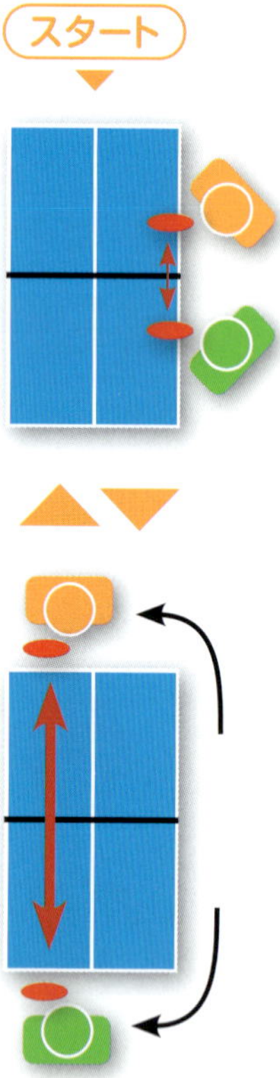

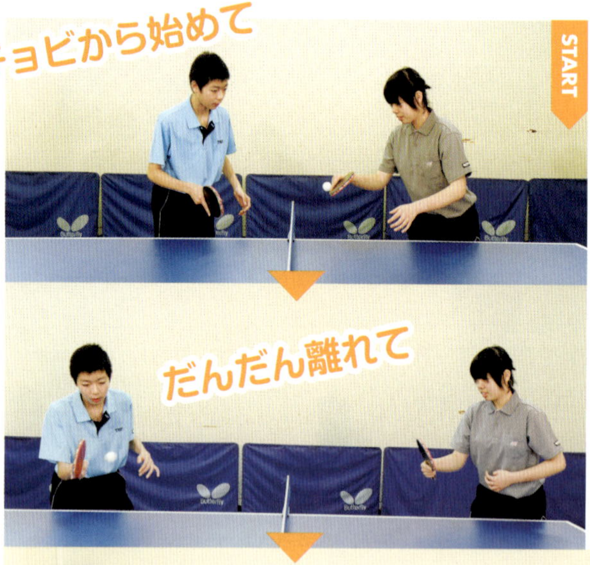

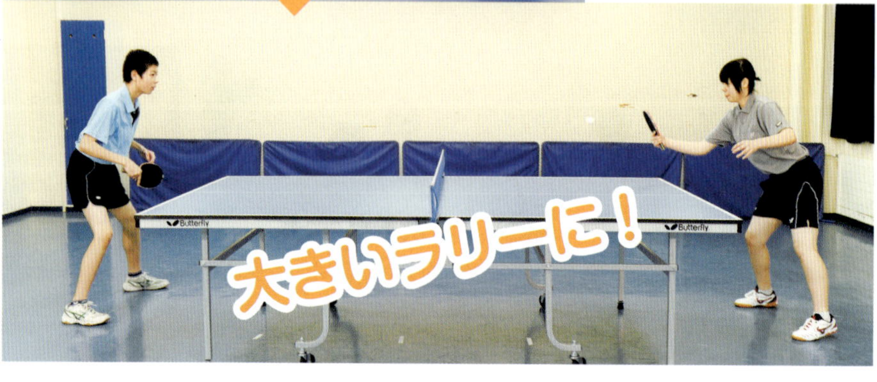

感覚練習 1

チョビの進化形【2】目指せコート一周！

これも、チョビでラリーを続けながら、移動していくという練習です。今度はネットを挟《はさ》んで2人で対角線上に立ち、斜めのチョビからスタート。そして、お互いに横方向に動きながら、ネットから離れて反対側に、というように続いていきます。

最終的にはコートを1周して、もとの位置にゴールできたら合格です。

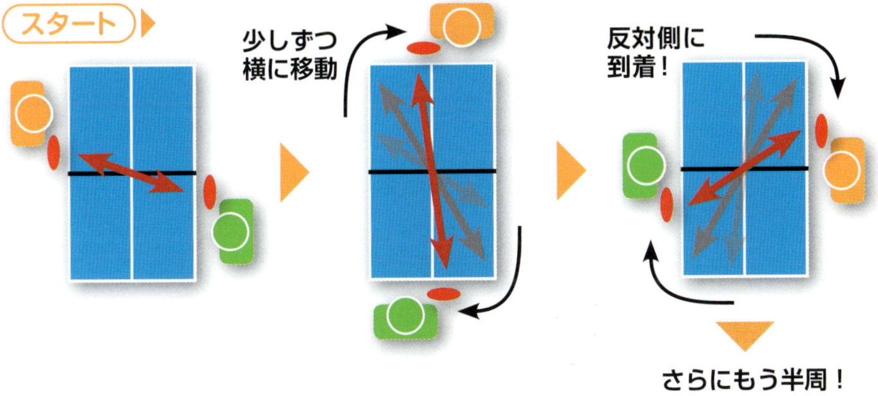

感覚練習 J

飛んできたボールを トス&アタック!

START
ボールがきた!
上にトスして
アタック!

次は飛んでくるボールをコントロールするという、少しレベルの上がった感覚練習です。

前方からボールが来たら、ボールの勢いを殺すイメージで上方向にトス。そして、落ちてきたボールを前方に打ち返します。最初のトスで、いかにして上に飛ばすかがポイントです。バックハンドでやるとさらに難しいので、フォア側・バック側の両方でチャレンジしましょう。またこれに似た練習で、来たボールを下に打って、床にバウンドさせたボールを返球するという方法もあります。

上にトスできないと…
×
あ〜……

Lesson 3

フォアハンド テクニック

FOREHAND TECHNIQUE

JUMP!!!

STEP!!!

HOP!!!

フォアハンド

フォアハンド系テクニックの基本技術

フォアハンドは、フォア側に来たボールを打ち返す時に使う最も基本的な技術で、「フォアハンドロング」や「フォア打ち」とも呼ばれます。

フォアハンド系技術の土台でもあり、あとで学ぶドライブ（p.40 ～ 56）やスマッシュ（p.58 ～ 61）などの技術につながっていきますので、確実に返球できるようしっかりと練習しましょう。

スイングは、ボールが来たらまずラケットをフォア側に出して（バックスイング）、打つ人から見て左上方向にスイングしながら打球し、ボールを前方に飛ばします。しかし、フォームは細かく気にしなくても大丈夫です。だいたい右ページの選手のようなスイングになればOKです。

■ 目指せ、ラリー10往復！

フォアハンドができるようになると、相手とお互いに打ち合って、ラリーが続くようになります。最初の目標としては、連続10往復を目指しましょう。リズム良く10往復できたら、フォアハンドは合格。

ちなみに福原愛選手（写真）は小さい頃、「1000本ラリー」と言って、ノーミスで1000往復フォアハンドを打つ練習をやっていたそうです。すごいですね！

皆さんも最高で何本続けられるか、記録に挑戦してみてください。

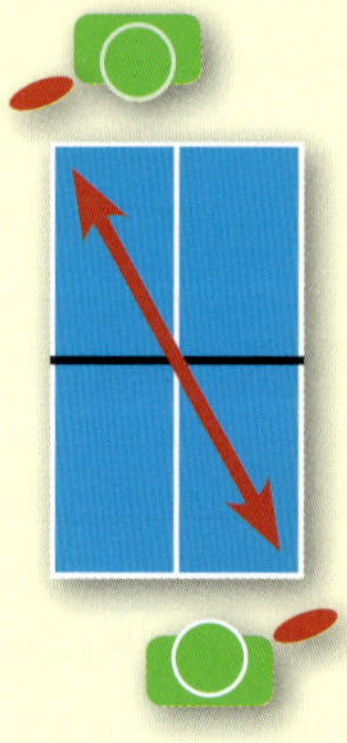

お互いにフォアハンドを打ち合い、目標10往復。人数が多い時は、いろいろなコースで打ってみましょう

Butterfly
TSP

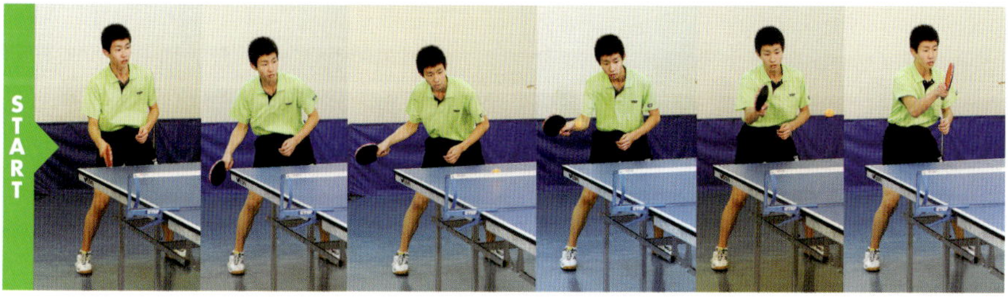
START

1 HOP ネットの近くから打ってみよう！

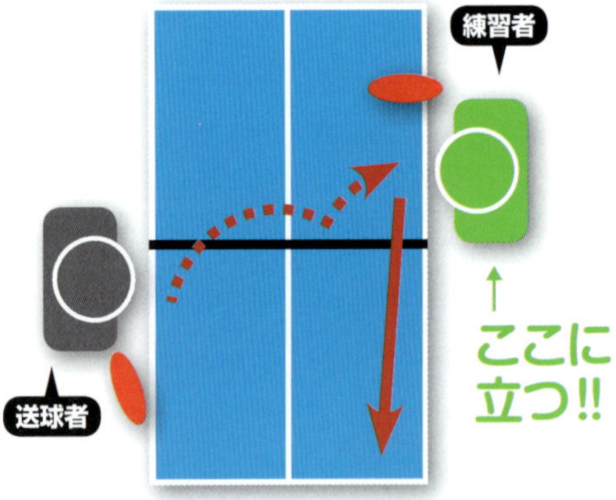

How to Play

練習者はバック側（※フォア側の反対）のネットの近くに立ち、対角線上に立つ送球者のほうを向いて構える。送球者がボールを送り、それをフォアハンドで打球する

※練習者と送球者に分かれ、送球者がたくさんのボールを連続して出す練習を「多球練習」と言う

相手のコートに安心して入る距離からスタート！

フォアハンドを覚える際、いきなりコートの端から端までボールを飛ばすのは簡単ではないので、まず最初の【HOP】ではネットのすぐ近くに立ち、送球者に一球一球ボールを出してもらって、それを打球します（多球練習）。

指導者や先輩がいない場合は、お互いに練習者と送球者を交代しながらやってみましょう。練習者が打ちやすいよう、出す位置やボールの高さを意識しながら送球するというのも非常に良い感覚練習になります。

ネットの近くなら カンタン！

フォームは気にせず、ボールつきの感覚で前に打つ

この段階では、どうやって腕・体を動かすのか、いわゆるフォームについては気にしなくてもOKです。レッスン2で学んだボールつきと同じ感覚で、軽く前に飛ばすだけです。ラケットも最初から台の上に構えておき、そこから振り始めても構いません。

ただし、上から叩《たた》きつけるようなスイングにはならないよう、そこだけ注意してください。そのためにも、送球者はあまりにも高いボールを送らないようにしましょう。

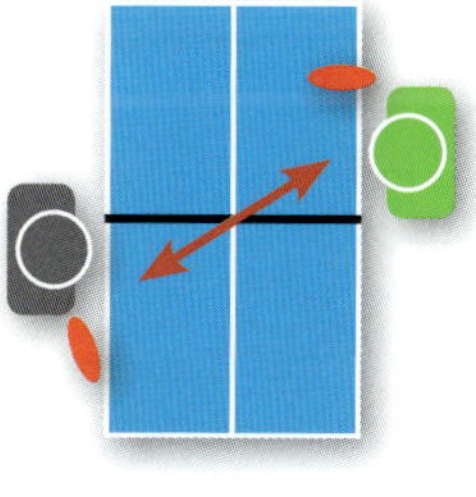

多球練習ではなく、2人でラリーを続けるという方法でもOK。感覚練習のチョビ（p.26 ～ 27）と同じ感じで打てる

STEP 2 少し離れた位置から打ってみよう！

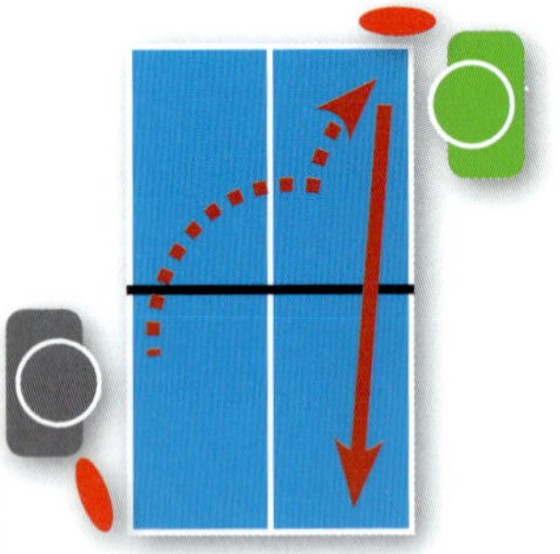

ネットとの距離はそれぞれの練習者によって変えてOK！

ネットから距離をとり、飛距離を意識して飛ばす

ネット近くの打球に慣れたら、少しずつネットから距離をとって打球していきます。ここでもフォームは気にしなくて大丈夫です。どれくらい強く打ったら、どこまで遠くに飛ぶのかという「力加減《ちからかげん》と飛距離《ひきょり》」を意識しながら、飛ばす感覚をつかむことが大切です。

うまくいかない時は、またネット近くに戻るなど、ネットとの距離を工夫《くふう》しながらやりましょう。

指導者の方へ

打球フォームは気にしすぎない！

指導者の中には、口うるさくフォームをチェックする人もいますが、あまりオススメはしません。特に初期の段階では、フォームよりも、「打球感覚」のほうが重要だからです。選手が必要以上にフォームを気にしてしまうと、感覚が身につきにくくなることもあります。あまりにおかしいフォームでなければ、後から修正できますし、腰や下半身の動かし方も上達に応じて身につければ問題ないでしょう。

3 JUMP

基本の位置で打ち フォアハンド完成！

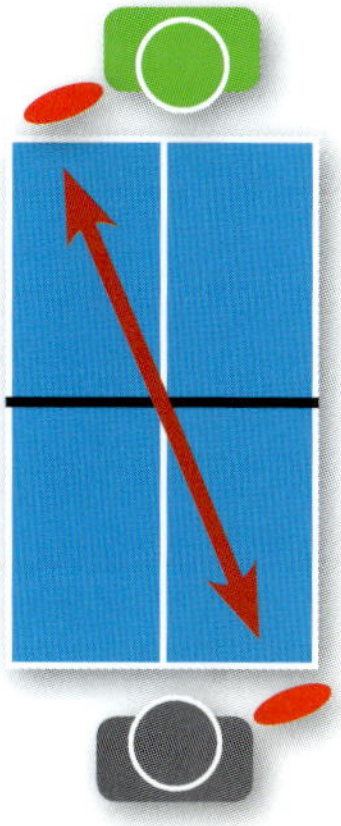

多球練習で入るようになったら、ラリーに挑戦

基本の立ち位置で、ラリーにチャレンジ！

【STEP】で飛ばす感覚がつかめてきたら、最後【JUMP】では基本の立ち位置で打球します。最初は多球練習で行い、その後ひとつのボールで打ち続けるラリーにも挑戦し、何回連続で続くか数えてみましょう。リズム良く、10往復続けられたら、フォアハンドは合格です！

慣れてきたら、ゆるく打ったり、強く打ったり、スイングの強弱をつけてみましょう。

回転を制する者が卓球を制す！

上回転と下回転ってナニ？

卓球が上達するには、ボールの【回転】を理解することがとても重要です。ここでは、基本となる【上回転】と【下回転】について、学んでいきましょう。

上回転

進行方向に対して、右イラストのような方向で回転しているボールが「上回転」。「前進回転」「トップスピン」とも言い、バウンドした時に前に進もうとする性質がある。

【横から見た図】

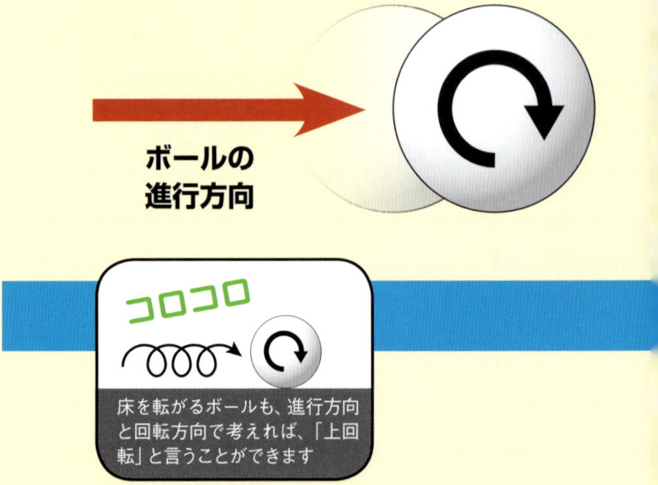
ボールの
進行方向
コロコロ
床を転がるボールも、進行方向と回転方向で考えれば、「上回転」と言うことができます

下回転

上回転とは逆方向に回るのが「下回転」で、バウンドした時に進行方向と逆側に戻ろうとする力が働く。「後進回転」「バックスピン」とも言う。

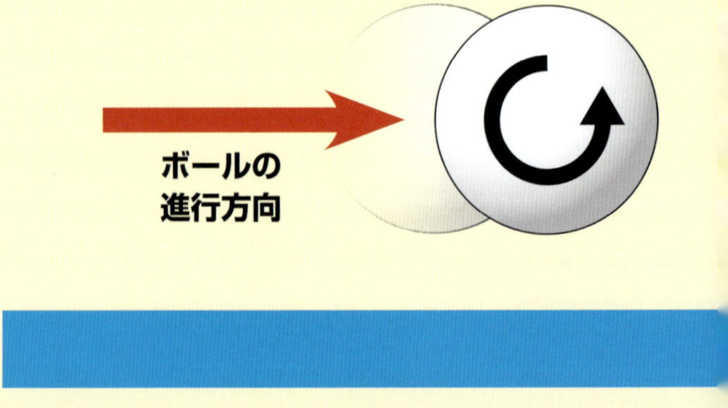
ボールの
進行方向

上回転＆下回転のボールがラケットに当たると……

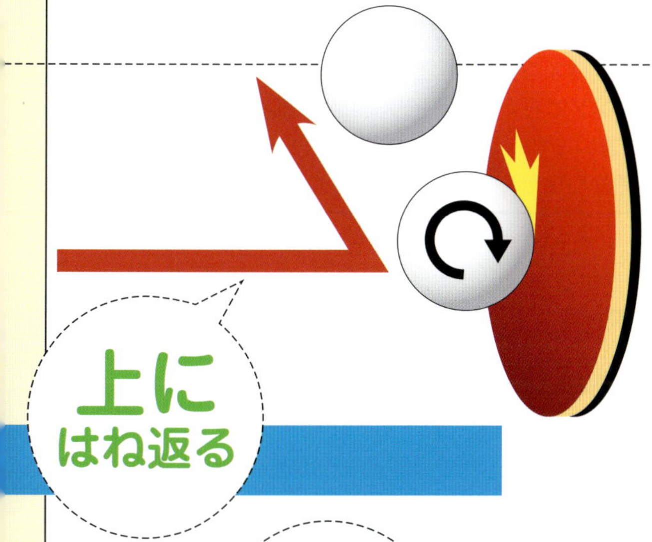

上回転

上回転のボールがラケットに当たると、回転する力とラケット（ラバー）との摩擦《まさつ》によって、上方向へはね返る。「上回転は上に飛ぶ」と覚えると良い。

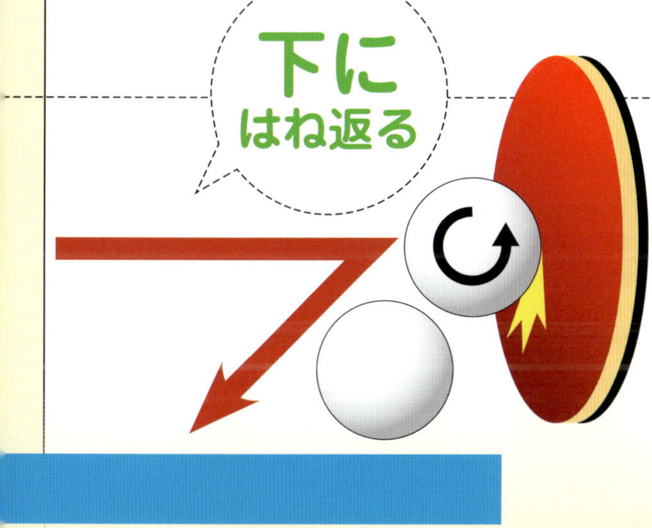

下回転

上回転とは逆に、下回転の場合は下方向へはね返る。そのため下回転のボールを打つ時は、ボールが下に落ちないよう、ラケットの角度やスイング方向を工夫する必要がある。

下回転に対するFH《フォアハンド》ドライブ

強い上回転をかける攻撃テクニックの基本

「ドライブ」とは、ボールをこするように打球し、強い上回転をかけて返球する技術の名前で、これをフォアハンドで行うと「フォアハンドドライブ」と言います。実戦で使う攻撃的な打法の中で最も使用頻度《ひんど》の高いテクニックです。

卓球では、どのような回転のボールを打つかで、打ち方を微妙に変化させます。ドライブでは、下回転に対する打法と上回転に対する打法を分けて覚えていきます。スイングに関しても、3ステップの中で説明をしていきます。

■【HOP】の前に、「下回転は落ちる」を体験しよう！

前のページで解説しましたが、下回転のボールというのはラケットに当たると下に落ちる性質があります。先輩や指導者などに下回転のボールを出してもらい、まずは「下に落ちる」という回転の影響を体験してみましょう。

下回転に対するドライブの習得は、この落ちるボールをどうすれば安全に返球することができるのか考えるところからスタートしていきます。

Q. では落とさないためにはどう打ったら良い？ ▶42ページへGO!!

START

Q. 下回転を落とさず打つには
どのようにスイングする？

A. いつもよりも上に
打てば良いよね！

というわけで…

START
ラケットを
下げる
ヨッシャー!

面を少し
上に向けて
振り上げる
ヨッシャー!
打球する面を
少し上向きに

1 HOP

面を上に向けて
上方向に飛ばす

まずはネットを越えることを目標に打つ

　下に落ちるボールを落とさないようにするには、通常のフォアハンドよりも上方向にボールを飛ばせばOKです。では、上に飛ばすにはどうすれば良いでしょう？　一番簡単なのは「打球する面を少し上に向ける」という方法です。また、スイングの方向も上方向にします。これでボールは上に飛んでいくので、ネットミスの心配はなくなりました。

　下に落ちるボールを、確実にネットを越えて相手のコートに入れることができたら【HOP】は完成です。

2 STEP 「こすって飛ばす」にチャレンジ!

こすり上げて上回転。これが“ドライブ”だ!

卓球のラバーはゴムでできているので、摩擦力があります。ボールをこするようにして打った場合、この摩擦力によって、スイングした方向にボールを飛ばす（引っぱる）ことができます。つまり上にこすれば上に、横にこすれば横にボールは飛ぶのです。

ボールが落ちないように上に飛ばすもうひとつの方法が、こすり上げるスイングです。つまり、上方向にこすり、ボールを上に飛ばすのです。こすり上げたボールは、こすったことにより回転が加わり、強い上回転のボールになります。「こすって飛ばす」、それがドライブという技術なのです。

ボールをこすり上げて、回転をかける感覚を身につけるのが【STEP】の目的となります。

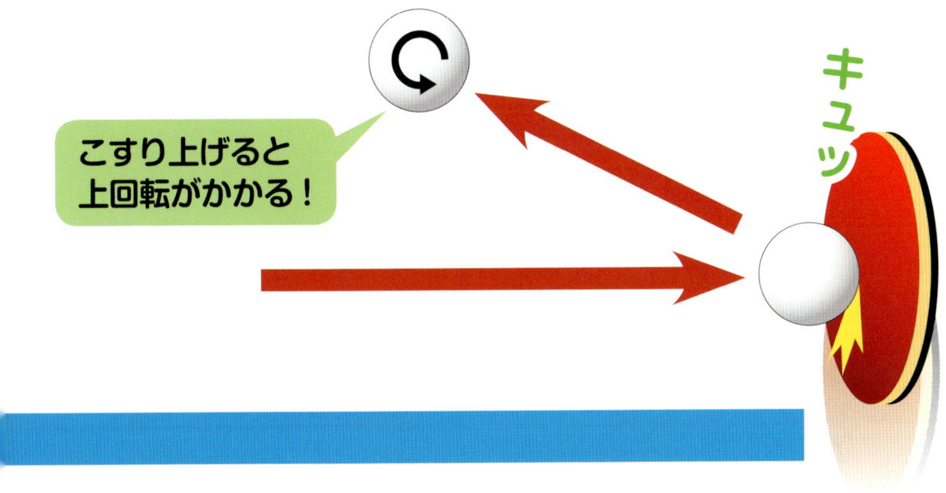
こすり上げると
上回転がかかる！
キュッ

こすり上げる！
上回転
打球面はほぼ垂直で、ボールの後ろをこする
これがドライブ！

3 JUMP

徐々に低いボールにしていこう！

少しずつ前に振って、山なりの軌道を低くしていく

下回転のボールをこすり上げる感覚を身につけたら、次は実戦で使える攻撃技術に近づけるために、徐々にボールの軌道を低くしていきます。【STEP】でほぼ真上にスイングしていたのを、少しずつ前方向に振るだけで、低くできます。

軌道を低くしながら、ボールを正確にコントロールするポイントは、山なりの頂点をネットの真上に作ること。頂点がネット上にあるとミスが減るからです。ボールをどこに落とすかではなく、頂点をどこに作るかを意識したほうが、長短のコントロールがしやすくなります。

また、フォームに関して、ひとつ注意したいのが、打球後に打球面が上を向かないこと。特にペンホルダーの選手で多く見られるので、そういう人はむしろ打球面を下に向けながら（面をかぶせながら）打ってみましょう。低い軌道で安定したドライブが打てるはずです。

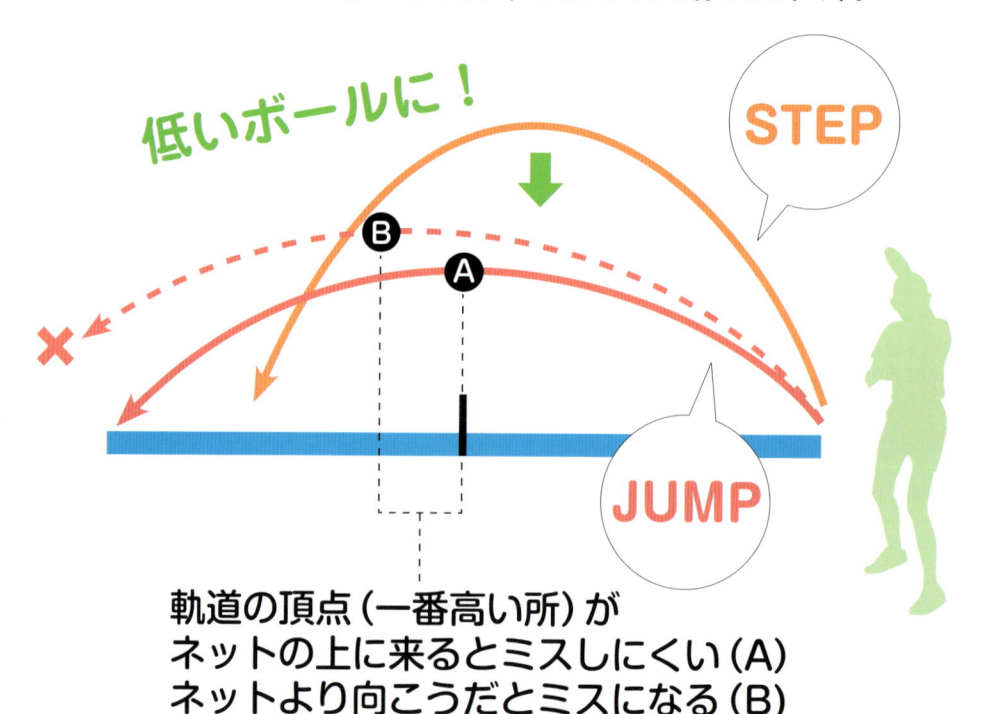

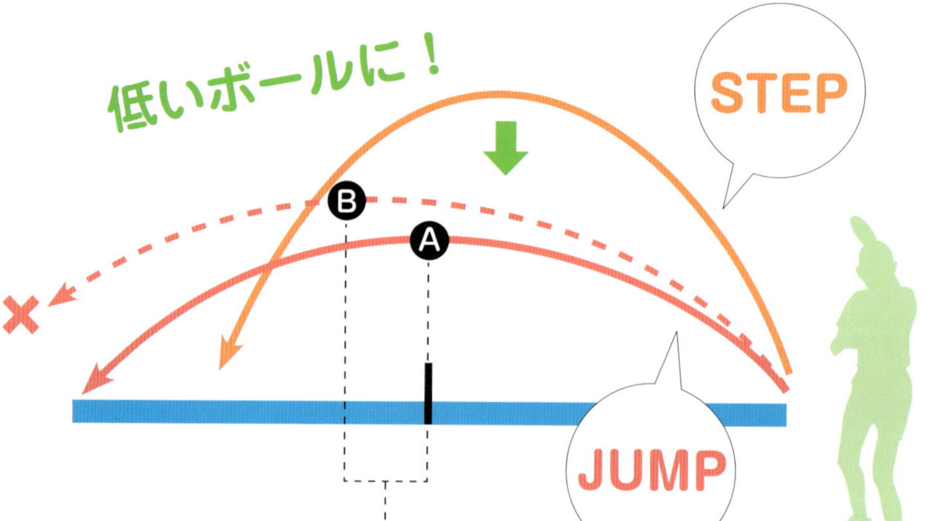

軌道の頂点（一番高い所）が
ネットの上に来るとミスしにくい（A）
ネットより向こうだとミスになる（B）

下回転が苦手《にがて》な人はオーバーミスから始めよう！

下回転を打つのが苦手という人はとてもたくさんいます。うまく持ち上げられなくてネットミス、逆に持ち上げすぎてオーバーミス、この2つのミスを繰り返しているようです。そういう人は、ここで紹介する3つのステップを実践し、まずはネットを越えることを優先させましょう。

前述したように、ミスを繰り返す人は、ネットミスとオーバーミスの両方が気になり、自信を持ってスイングができなくなっています。そこでまずは確実にネットを越えることを重視し、「ネットミス」だけはしないようにします。オーバーミスだけになったら、気持ちはだいぶ楽になるので、あとは徐々に低い軌道にしていくように打球を調節すれば良いのです。

ドライブを鍛えるオススメ練習法

転がるボールを打って「チップ感覚」を身につけよう！

START

How to Play

練習者はコートに立って構え、送球者が練習者のフォア側にボールを転がす。練習者は落ちてくるボールをこすり上げて、相手のコートに返球する

こする感覚の上達で、ドライブをレベルアップ

ドライブで重要なのが、上手に回転をかける打球感覚です。私はこれを「チップ感覚」と呼びます。上回転に対するドライブを学ぶ前に、チップ感覚を身につける良い練習法を紹介します。これは転がるボールを、こすって上方向に飛ばすというもので、最初は空振《からぶ》りが多く出ますが、うまく当たった時にボールをこする打ち方になるので、繰り返すことで感覚をつかむことができます。

台のすぐ近くで振るので、台に手をぶつけてケガをしないよう気をつけてください。ゆっくりのボールだと打ちにくいので、少し速めに転がしましょう。

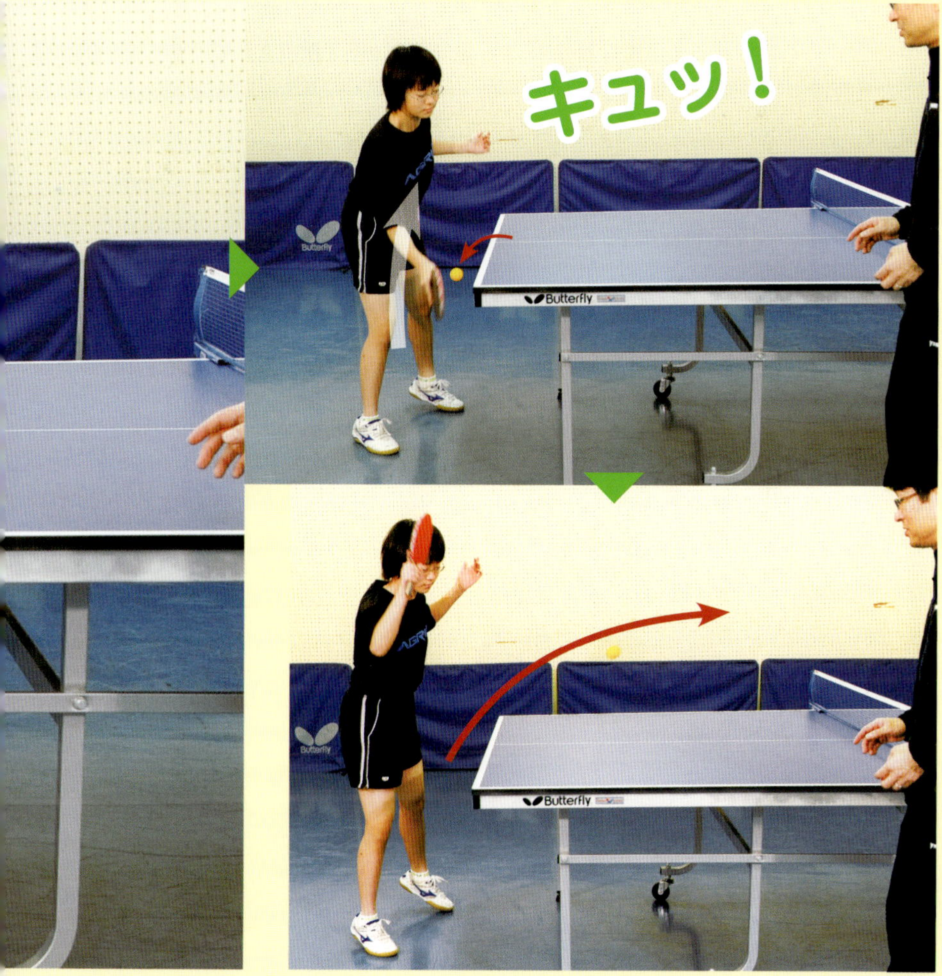

Lesson 3_3

上回転に対するFH《フォアハンド》ドライブ

実戦で使用頻度の高い、基本の攻撃テクニック

上回転に対するフォアハンドドライブは、連続攻撃をする時など、試合で多く使われる技術です。レベルが上がると、お互いにドライブを打ち合うドライブ対ドライブのラリーも見られるようになるので、しっかり身につけましょう。

こすって上回転をかけるという基本は、対下回転の時と同じですが、回転の影響があるので、スイングを少し変える必要があります。対下回転、対上回転の違いを意識しながら、練習をしていきましょう。

■【HOP】の前に、オーバーミスを体験しよう！

下回転に対するドライブと同じスイングで、上回転のボールを打ってみましょう。きっと大きく上に飛んでオーバーミスするはずです。下回転に対するドライブを学んだ時にネットミスを体験したように、ここでもオーバーミスを体験することで、まずは回転の影響というものを学びます。

そのうえで、どうすればミスしないかを考えながら、上回転に対するドライブを学んでいきましょう。

Butterfly
TSP

START

1 HOP

回転のないボールを打ってみよう！

まずは、落ちてくるボールで“かける感覚”をつかむ

いきなり上回転のボールを打つ前に、【HOP】では上回転と下回転の中間とも言える“無回転”（ナックル）のボールを打つことからスタート。p.48 ～ 49で身につけた「チップ感覚」を意識しながら打球し、山なりにボールを飛ばします。

回転をかけようとして力《りき》まないよう、力を抜いてスイングしましょう。

How to Play

送球者が目線の高さくらいから、練習者のコートに、垂直にボールを落とす。ワンバウンドしてから、練習者はそのボールをフォアドライブで打つ

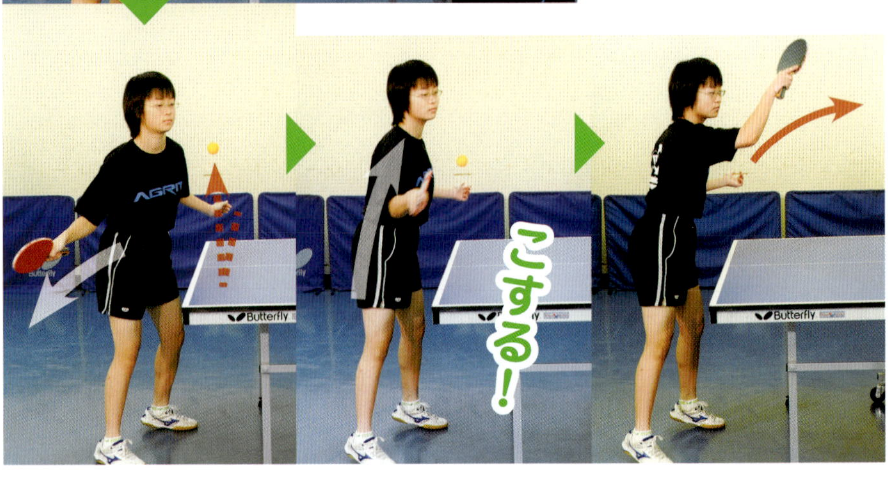

STEP 2 ゆるい上回転ボールに回転をかけよう

反発を実感しながら回転をかける

【HOP】で上から落とした無回転ボールに慣れたら、次は送球者が打った上回転ボールを打球します。先ほどよりも、ボールが反発して飛んでいくので、その感覚を実感しながら、回転をかけていきます。最初はゆっくりのボールを出してもらい、徐々に速いボールにしていきます。同様に打つ強さも軽くこするところからスタートし、徐々に強くしていきます。うまく当たらない人は、バックスイングを少し小さめにすることがポイントです。

3 JUMP

「動いて打つ」にチャレンジ！

フォア側の足を出して遠いボールを打球する

実戦では様々なコースにボールが飛んでくるので、その都《つ》度《ど》ボールの位置に合わせて、移動してから打球する能力が必要になります。

【STEP】までは足をほとんど動かさず、安定して打つ練習をしてきたので、次は少し離れたボールに対し、しっかりと動いてから打つという練習にチャレンジします。

この練習は、フォア側の遠いボールに対して行うので、フォア側の足（右利きの場合は右足）をフォア側に踏み出すことがポイント。そして踏み出した右足で体を支えながら、ドライブのスイングをして、しっかりとボールに回転をかけます。「動く」というよりも「近づく」イメージを持つと良いでしょう。

How to Play

練習者はややバックサイド寄りに構える。送球者がフォア側にボールを出して、練習者はフォア側に動きながら打球。打った後は再び構えの位置に戻り、これを繰り返す

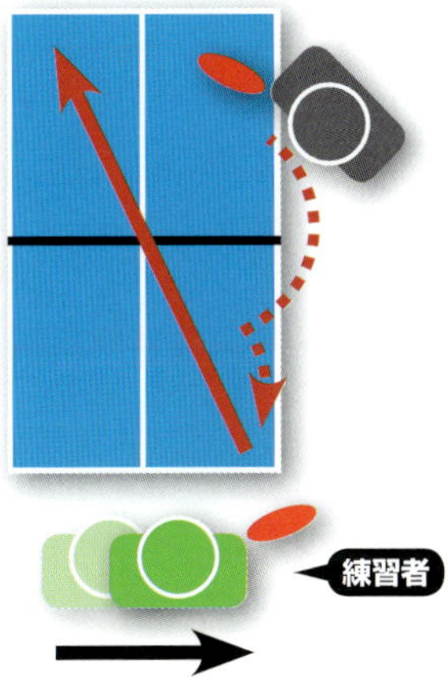

■ ドライブでも目指せ、ラリー10往復！

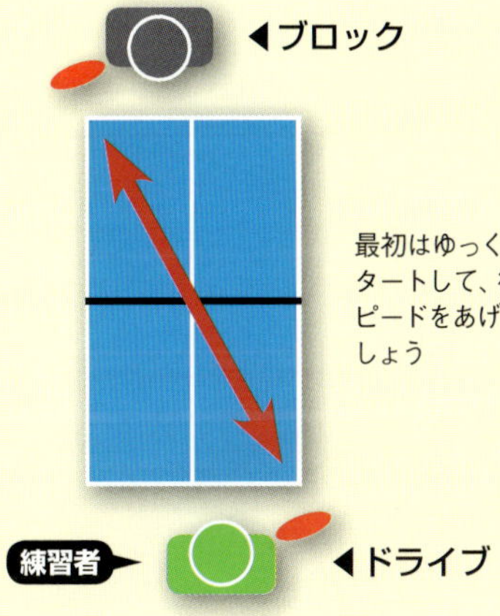

最初はゆっくりからスタートして、徐々にスピードをあげていきましょう

ここまでは多球練習形式で行うことが多かったフォアハンドドライブですが、慣れてきたらお互いにラリーを続ける練習にも挑戦しましょう。

練習者がドライブをして、相手が軽く当てて打球するブロック（p.62～67）で返球、というのが基本的なドライブ対ブロックのラリーです。このラリーでも10往復を目指してやってみましょう。

ひとりでできるオススメ練習

床にバウンドさせたボールをドライブ！

バウンドの位置、高さを調節し打ちやすいポイントで打球！

ドライブが苦手な人のための、ひとりでもできる練習法です。床にボールを落とし、バウンドしてきたボールをドライブします。上回転に対するドライブの【HOP】（p.52）のひとり練習バージョンとも言えます。

自分の体に対して、ボールをバウンドさせる位置、高さで打ちやすさが変わりますので、いろいろ試しながら最適なポジションを探しましょう。また台との距離を変えることでもバリエーションが広がります。

とりあえず、打ったら力を抜こうよ。

フォアハンドが安定して続かない、フォアドライブで回転がかからない。そのように悩んでいる人に共通しているのが、「グリップ（指）に力が入りすぎている」という点です。フォアハンドに限らず、すべての技術に言えることですが、グリップに力が入りすぎると、思ったようにスイングをコントロールできず、打球が安定しません。打球の瞬間に力を入れて、打った後はすぐにリラックスするというのが理想です。どのようにスイングするか、腕をどう使うかを考える前に、まずは「力を抜く」ということを重点に置いて、練習をしましょう。

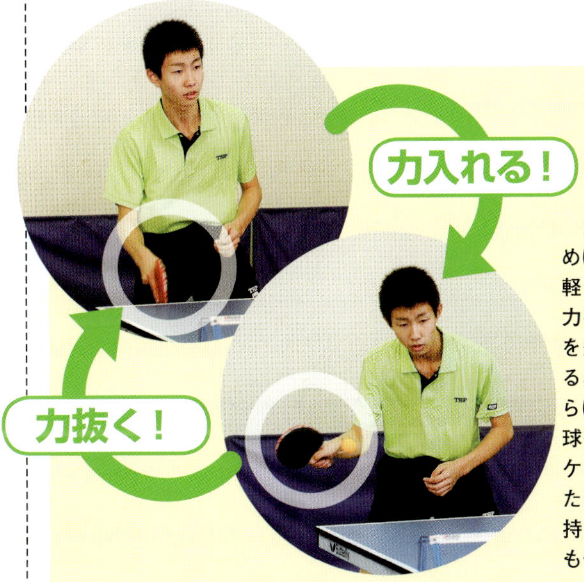

力を抜くことに慣れるために、基本のフォアハンドを軽く打ちながら、「打球時に力を入れる」「打ったら抜く」を少しおおげさにやってみると感覚がつかめてくる。さらに大げさにやるならば、打球後に瞬間的に台の上にラケットを置いてラリーをしたり、同様にフリーハンドに持ち替えたりするというのもやってみよう。

スマッシュ

一撃必殺《いちげきひっさつ》の最もスピードの出るテクニック

思い切りスイングして、一撃で得点に結びつける技術、それが「スマッシュ」です。特にフォアのスマッシュは、卓球の技術の中でも最もスピードがあり、威力のある技術と言えます。

強く打球するため、ちょっとしたスイングのブレがすぐにミスにつながってしまうという側面もあるので、スマッシュの習得では、できる限りミスを少なくし、確実に入れることを目標とします。

スマッシュのスイングは、基本のフォアハンドをより大きく、力強くした振りになります。ただし、あまりに大きく腕を広げてしまうとミスしやすくなるので、適度にコンパクトなスイングにすることがポイントです。

■山なりのドライブ&直線的なスマッシュ

“こする”打ち方で強い上回転をかけるドライブは、上回転の影響で下に沈み込むような弾道になります。一方、“たたく”打ち方でスピード重視のスマッシュは、強い回転はかからず、直線的に飛びます。

この飛び方の違いにより、一般的にはスマッシュはドライブよりもミスをしやすい技術だと考えられています。だからこそ、スマッシュでは確実性を考慮して習得することが必要になるのです。

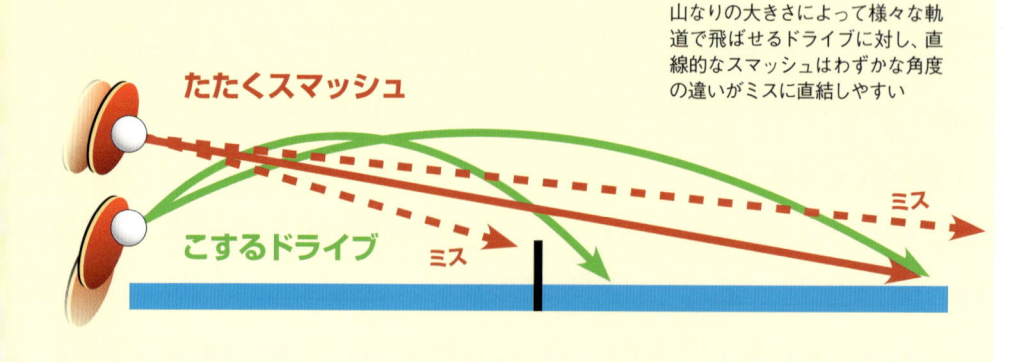

山なりの大きさによって様々な軌道で飛ばせるドライブに対し、直線的なスマッシュはわずかな角度の違いがミスに直結しやすい

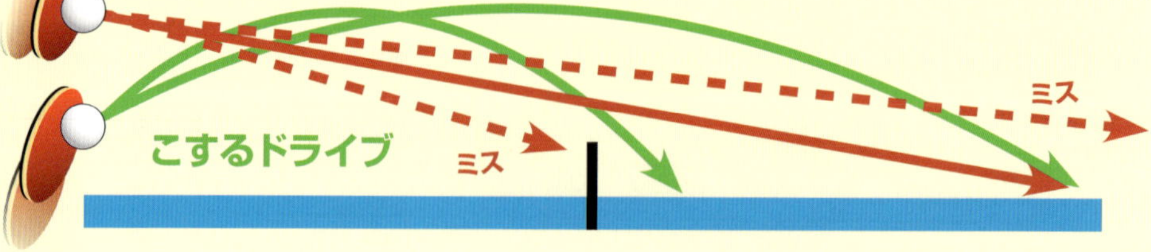

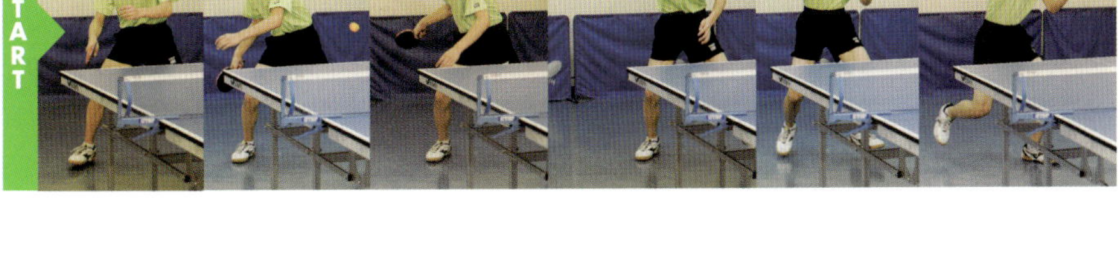
START

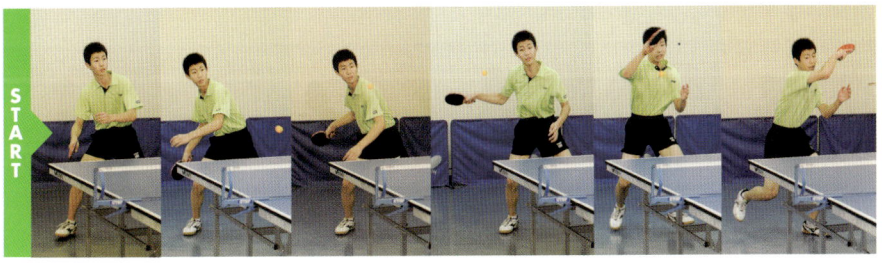

1 HOP 垂直バウンドのボールからスタート

まずは、確実に当てながらスイングスピードを上げよう

まずは初歩段階として、その場でバウンドするボールを打球するところからスタート。この段階では強く打つことばかり考えずに、確実に当てて、相手のコートに入る範囲でスイングスピードを上げるようにしましょう。

How to Play

練習者はバックサイドに構え、送球者がコートにボールを高くバウンドさせる。バウンドしたボールが落ちてくるところを打球し、相手のコートに入れる。

2 STEP ゆるいボールに少し回転をかける

こすることで安定性がアップ

【STEP】では、ゆるく飛んでくるボールに対し、スマッシュをします。前ページでスマッシュは「たたく」技術ということを説明しましたが、少し“こすり”を加えて、回転をかけるように意識しましょう。安定性がアップします。

How to Play

練習者はコートの中央に構え、送球者がゆるく浮いたボールを出し、ワンバウンドしてから打球

3 JUMP

様々な球種を打ち応用力と安定力UP

実戦に備えて、いろいろなパターンを経験しよう

【STEP】でスマッシュの基本を身につけたら、最後は応用力を高める練習です。スマッシュは基本的にチャンスボールに対して攻める技術ですが、実戦では、チャンスに見えるボールでも様々な回転で飛んできます。すべて同じ打ち方ではミスしてしまい、せっかくのチャンスが生かせないので、どんな球種でもミスしないように対応力を鍛《きた》えるのが【JUMP】の目的です。

これは送球者の腕も必要な練習法。上回転、下回転、高い低い、コースなどもいろいろと変化をつけて、練習効果を高めてください。

How to Play

練習者はバック寄りの位置に構え、送球者は練習者のコート全面に様々な球種のボールを出す。それを連続して打球する

FH《フォアハンド》ブロック

相手の攻めを受け返す「守り」の基本テクニック

試合では自分が攻める時もあれば、相手に攻められる時もあります。その時に必要なのが守りの技術で、そのひとつが「ブロック」です。

ドライブやスマッシュなどの大きく強くスイングする技術に対し、ブロックはコンパクトな振りで力を入れず、「当てるだけ」の打球が基本になります。そうすることで、強打に対しても安全かつ正確に返球することができるのです。

大きなバックスイングはとらず、あらかじめ打球する位置あたりにラケットを構えておき、打球時も強く前に押し出しません。打球面は垂直かやや下向きで、卓球台の近くでボールをとらえることがポイントです。

■「上から目線」でブロックへの「恐怖心」がなくなる!?

ブロックを苦手とする人の中には、強打に対する「恐怖心」のせいで、落ち着いて対処できないという人がいます。特に必要以上に目線を低くしていると、顔の近くにボールが飛んでくるので、恐怖心は倍増してしまいます。

そんな人にオススメなのが、高い目線でボールを見る、名付けて「上から目線ブロック」です。非常にシンプルなポイントですが、これだけで安心感が生まれ、ブロックが安定します。ビクビクしがちな人は、ぜひ試してみましょう！

上から見れば怖《こわ》くない！

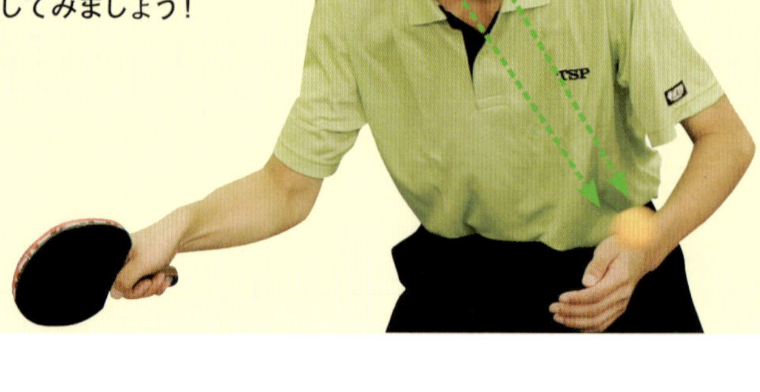

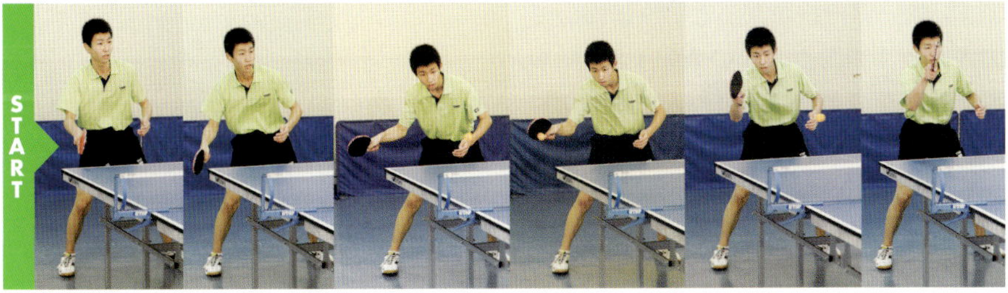
START

1 HOP

まずは“確実に”ラケットに当てよう！

How to Play

練習者はコートの中央に構え、送球者はフォア側に強めのボールを出す。練習者はブロックで連続して返球する

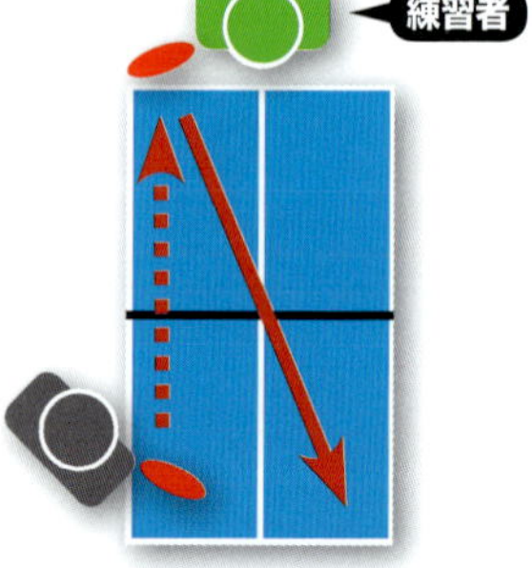

腕をリラックスして、最初はただ当てるだけ

最初はワンコースでのブロックから始めましょう。送球者の強打に対し、まずはしっかりラケットに当てることが目標です。強いボールが来るという恐怖心で力が入ってしまう人がいるので、いつも以上にラケットを軽く握ることを心がけましょう。

打ったボールが高く浮いても良いので、確実に相手のコートに返球できるようになったら合格です。

2 STEP 左右への対応力を身につけよう！

ボールに合わせて顔を近づける

ワンコースでの返球ができるようになったら、次はフォア側半面にコースを散らして出してもらい、一球一球ラケットを打球位置に動かしてブロックする練習をします。

注意したいのは、特に遠いボールに対し、「腕が伸びきった状態でブロックをしない」ということ。ひじは軽く曲げていたほうが、細かい微調整が可能になり、ブロックが安定します。ひじが伸びてしまう人は、ボールに顔を近づけて打つイメージを持つと、自然とひじが曲がるようになります。

また、送球者のスイングを見て、コースを予測するという意識も大切です。練習中はボールだけを目で追うのではなく、相手も含めて、広い視野で見るようにしましょう。（「観察＆予測」はp.112 ～ 117を参照）

How to Play

【HOP】と同じような形で、送球者はフォア側のコート半面に、ボールを散らして送り、それをブロック

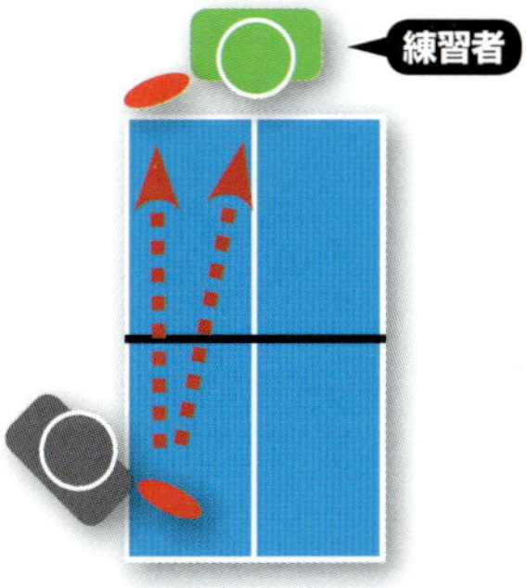

顔が遠いと不安定…

逆に顔が近すぎると「恐怖心」が出るのでそれも注意！

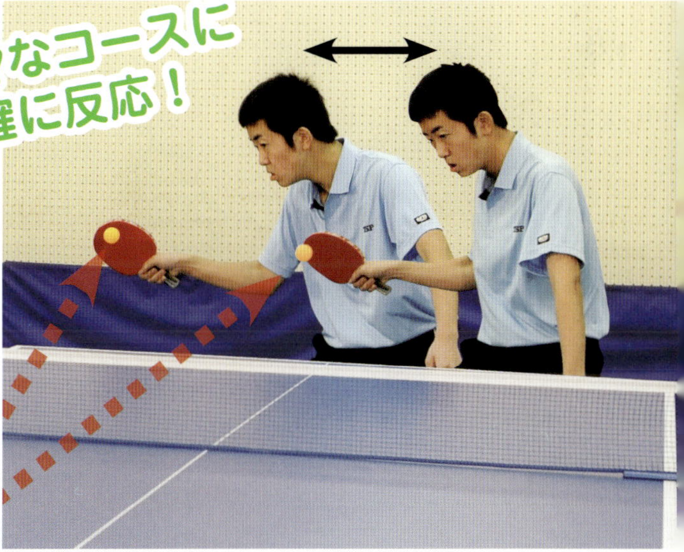

3 JUMP

打球点の変化にチャレンジ！

自《みずか》ら打球タイミングを変えて、応用力をアップ

ブロックを安定させるには常に同じタイミング（打球点／右ページ参照）でボールをとらえることが理想ですが、実戦ではなかなかそうもいきません。台の近くで早く打てる時もあれば、タイミングが遅れて、台から離れた位置で打たなければいけない場合も出てきます。

そこで次は、あえて早く打ったり、遅く打ったりと打球点を前後にずらすブロックをやってみましょう。

【STEP】で左右への対応、【JUMP】で前後への対応を学ぶことで、どんな状況でも返球できる対応力のあるブロックになるはずです。

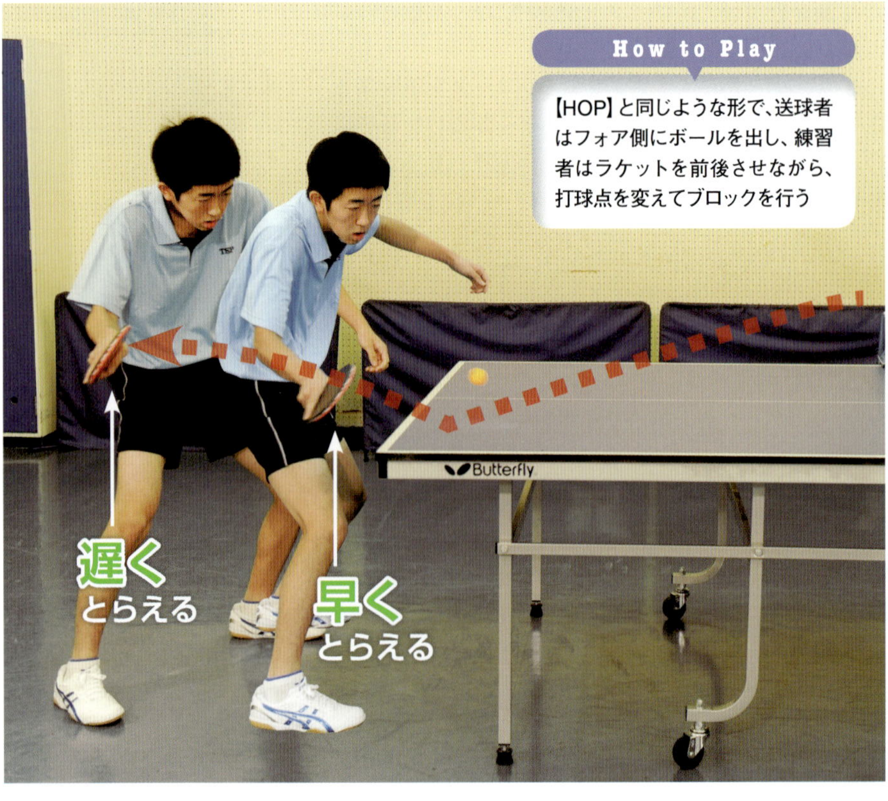
How to Play
【HOP】と同じような形で、送球者はフォア側にボールを出し、練習者はラケットを前後させながら、打球点を変えてブロックを行う
Butterfly
遅く
とらえる
早く
とらえる

用語講座 「打球点」ってナニ？

よく使われる卓球用語のひとつに「打球点」があります。これは、ボールがバウンドしてから打つタイミングのことを表す言葉です。

たとえば、「打球点が早い」とは、バウンド直後に打球することで、逆に「遅い」というのはバウンド後少し経ってからのタイミングでとらえることを言います。ボールは下に落ちていくので、「打球点を落とす」という表現も使われます。

また、軌道の一番高いところを「頂点」と言いますが、その付近でボールをとらえることを「高い打球点」と言い、遅い打球点は「低い打球点」とも言われます。

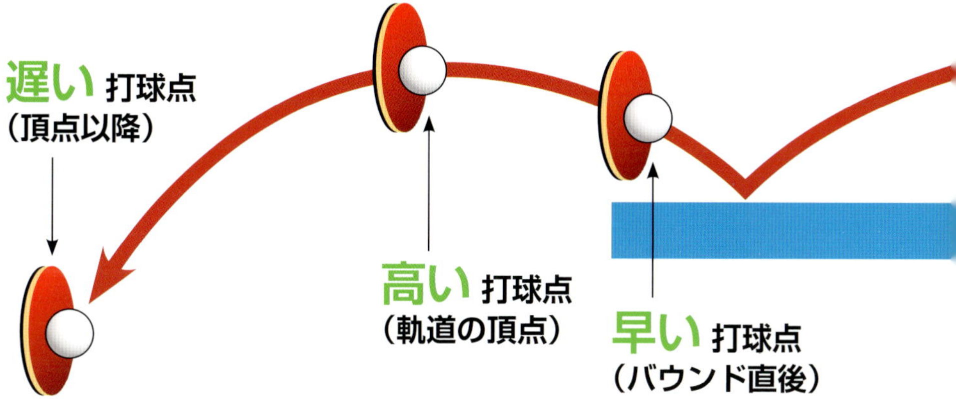

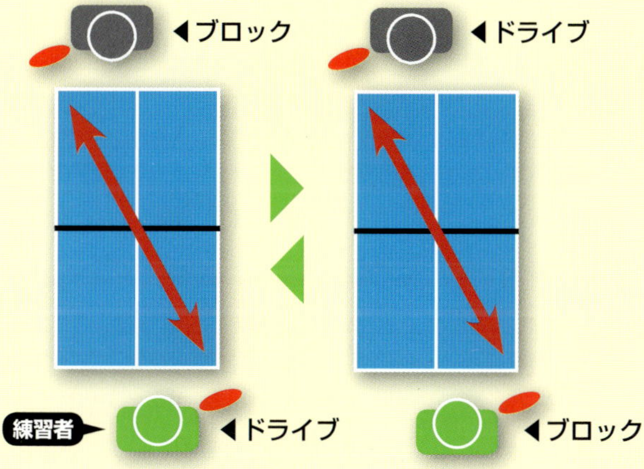

さらにレベルアップ！

ブロック超練習法

通常、ブロックの練習と言うと、練習者はずっとブロック、相手はドライブと完全に役割を分けて行うことが多いでしょう。より実戦的にするために、ラリー中に攻守を切り替える練習「ブロック＆アタック」がオススメです。たとえば、5本続いたら攻守を交代、と回数を決めてやってみましょう。（※p.121も参照）

Lesson 3_6

カウンターFH《フォアハンド》ドライブ

相手の攻撃を、攻撃で返すスピーディーな技術

実戦では相手の攻撃に対し、すべて守っているだけではありません。時には相手の攻めに対し、さらに攻め返す技術も必要になります。それが「カウンター」というテクニックです。ここで紹介するカウンタードライブは、カウンター系技術のひとつで、名前のとおり上回転をかけて返球します。

基本的なスイングは、通常のドライブに似ていますが、相手の強打を打つカウンターの場合は、スイングがコンパクトになります。

カウンター＝ブロックの延長と考えよう

カウンタードライブの習得は、「ブロックの延長」と考えて取り組むことがポイントです。確実性の高いブロックを基本として、そこから徐々にドライブ系のスイングに進化させていくと、スムーズに身につけることができます。

ただし、だからと言って「ブロックが完成するまで、カウンターは練習してはいけない！」というわけではありません。カウンターに取り組むことで、逆にブロックの感覚が磨かれることもあるので、初級者も積極的に挑戦していきましょう。

慣れてきたら、ともにカウンターを打ち合う「カウンター対カウンター」のラリーもオススメ。初級者にも十分可能な練習で、感覚をつかむのにすごく良いです。

カウンターは
上級者用の技術ではありません！
初級者も挑戦しましょう！

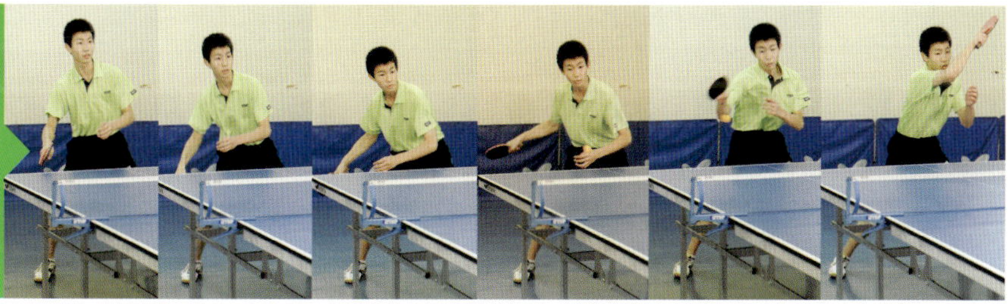

START

1 HOP

早い打球点でコンパクトにこする！

How to Play

練習者はあらかじめ打球ポイント近くにラケットを構える。送球者がゆっくりの上回転ボールを送り、ワンバウンドしてから、バウンド直後を打球する

まずはブロックの形からこする感覚を覚える

まず最初は強いボールではなく、ゆっくりとしたボールに対して打っていきます。

ここでのポイントは2つです。ひとつは早い打球点でとらえること。もうひとつは、コンパクトなスイングで回転をかけることです。あらかじめ台の上にラケットを構えておき、前腕（ひじから先）で上方向にスイングします。バックスイングはとりません。力は入れず、あわてずにスイングしましょう。

2 STEP 飛んでくるボールをこすって飛ばす！

徐々に強いボールに対してカウンター

続いては、少し強めのドライブに対してカウンターで返球します。打ち方は【HOP】と同じく、ブロックの位置から前腕で回転をかけます。打球後のスイング（フォロースルー）でコントロールする意識を持つと、よりイメージどおりにボールを飛ばしやすくなります。

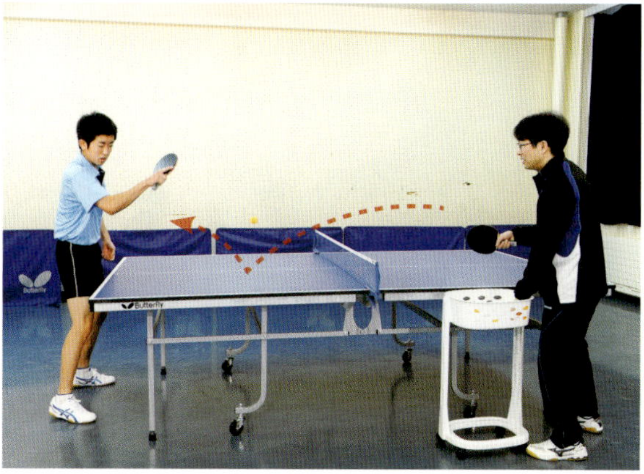

3 JUMP 実戦的なボールでカウンターの仕上げ

あわてず、自分から“回転をかける”ことに集中

最後は、実戦のドライブに近い威力のあるボールに対してのカウンターです。スピードを出すことよりも、自分で回転をかける感覚を身につけることが大切です。まずは安定性を優先して、徐々にスピードのあるカウンターに近づけていきます。

NEXT さらに切れ味アップ！小さく引き、反動で打つ！

バックスイングで止まらず、“引く反動”を利用する

よりレベルの高いカウンタードライブにするために、威力をアップさせるポイントを紹介します。

カウンターの基本では、「バックスイングをとらずにコンパクトに振る」と説明しましたが、まず威力を上げるために、小さくですがバックスイングをとります。そして、一番のポイントが「引いた反動」を使うという点。ラケットを引いた状態でスイングを止めてしまわず、引いた時の反動で前にスイングします。これならば小さいバックスイングでも速いスイングが可能になり、安定性を確保しながら威力アップが可能になります。

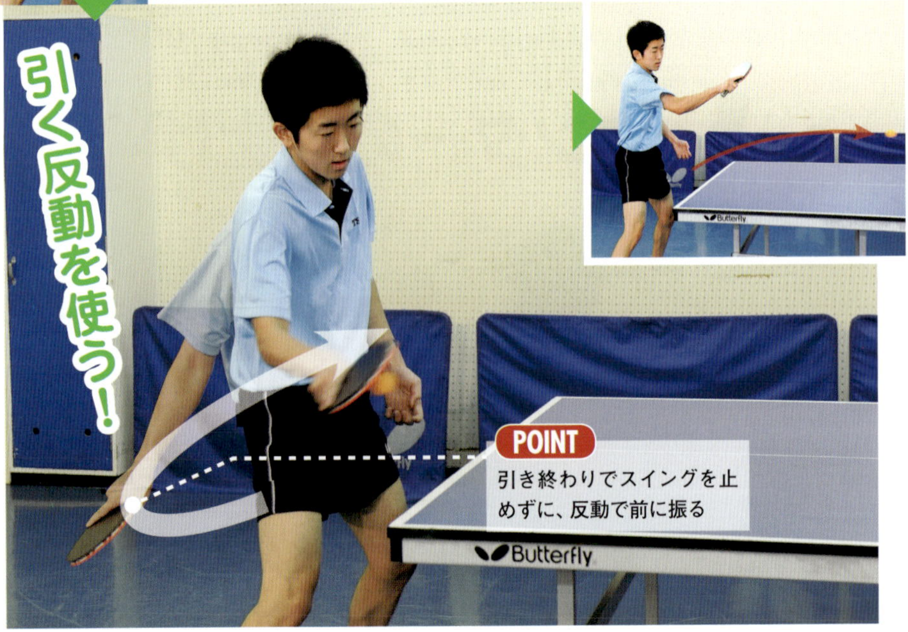
引く反動を使う！
POINT
引き終わりでスイングを止めずに、反動で前に振る
Butterfly

大橋流・上達のポイント！

① 自分で考えるクセをつけよう！
② 実戦を想定した練習をしよう！

もっと上手になりたい、試合で勝ちたい、ライバルに差をつけたい。そんな人に知ってほしい2つのポイントを紹介します。これを知ることで上達はもっと早まります。

まず、ひとつ目のポイントは、「上達するにはどうすれば良いのか」「うまくいかない原因は何か」を“自分自身で考える”ということ。先生に言われた練習をただ行うだけでは、考える力も実戦的な力もつきません。自分で考えるようになれば練習内容も実戦的になり、取り組む姿勢も大きく変わってメキメキ上達するようになります。自分で考えた内容が正しいか、正しくないかは問題ありません。まずは自分で考え、自分で決めて、自分で行動することが大切です。

私が生徒に伝えるのは「考えるヒント」がほとんど。「答え」や「理由」はあえて言わないことが多い。だからこそ生徒が自分で考えるのです

初心者の一年生も、最初の一、二カ月で基本を覚えたら、あとは課題練習がメイン。練習内容も自分で決めるからこそ、やる気も効果もアップする。台の下にも卓球ノートが見えますね！

2つ目は、実戦を想定した練習を行うということです。たとえば、基本の「フォア対フォア」というラリー練習がありますが、それにウォーミングアップとして取り組むのと、試合でフォア対フォアになった場面をイメージして行うのとでは、練習の効果は全然違います。課題練習をするにしても、その練習の目的はもちろん、試合のどの場面で使うのか、相手は誰なのか、そこまで考えられるとベストです。

そして、実戦を想定するというのは、ひとつ目の自分で考えるということにもつながっていきます。まずは自分で考えなければ、具体的に実戦をイメージをすることはできないのです。

2つの練習を使い分けよう

①“回数指定”はギリギリの速さで！
②“時間指定”はハイレベルな課題で！

練習メニューは様々な方法、パターンがありますが、「回数指定」と「時間指定」を組み合わせることで、より効率良くレベルアップすることができます。

回数指定というのは、「20回連続で」あるいは「10本入ったら終わり」というように回数による目標を立てるやり方です。p.67で紹介した「5回続いたら攻守が交代」のブロック練習もそのひとつです。回数指定は特に初級者の練習に最適で、数字という明確な目標があることで集中力が高まり、練習効果・楽しさもアップします。また、課題をクリアした時の“やり遂《と》げた感”を実感できるので、次への意欲も出てきます。ただし、回数指定の練習で気をつけたいのが、「続けられるギリギリの速さ（難易度）で行う」ということです。ゆっくり返していたら、続けるのは簡単ですし、実戦的とは言えません。逆に難しすぎて、いつまで経ってもクリアできない、というのも効果は低いと言えるでしょう。

一方、時間指定は「○○練習を10分」と決めたら、その時間内で練習を続けます。時間指定の場合は、ミスに関係なく規定時間内は確実に打球できるので、レベルの高い練習を行うべきです。すでにある程度安定して入れることができる練習を、時間をかけてやったとしても効果は期待できません。時間指定は、中・上級者がよりレベルアップを目指す時に最適な練習法です。

前ページでも、「実戦を想定する」ことの重要性を紹介しましたが、いわゆる「練習のための練習」にならないよう、しっかりと目的を理解し、上達につながる練習にしていきましょう。うまくなっていくことで、卓球がもっともっと楽しくなっていくはずです。

Lesson

4

BACKHAND TECHNIQUE

バックハンドテクニック

シェークのバックハンド

バックハンド系テクニックの基本技術

「バックハンド」は、バック側に来たボールを打つ際の基本テクニックです。「ハーフボレー」とも呼ばれます。ペンホルダーの場合は、少し違ったテクニックになるので、ここではシェークハンドのテクニックとして紹介します。

打ち方の基本は、ラケットのバック面を打つ方向に向けて、体の正面でボールをとらえます。ひじを支点にして、ラケットを右上前方へスイング。ボールは上回転系となって飛んでいきます。

最初のうちは無理に右ページの写真のようなちゃんとしたスイングにしなくても大丈夫です。まずは、バック面でのボールつきと同じイメージで、少し前に飛ばすだけでOK。打球する面が打ちたい方向にしっかりと向いているかを意識しましょう。ボールつきの時は、大きく手首を使うことはないと思いますが、バックハンドでも最初は手首を使いません。手首がグラグラすると、打球面が不安定になるからです。

「バック面でのボールつき」の延長と考えて、同じイメージで前に振る

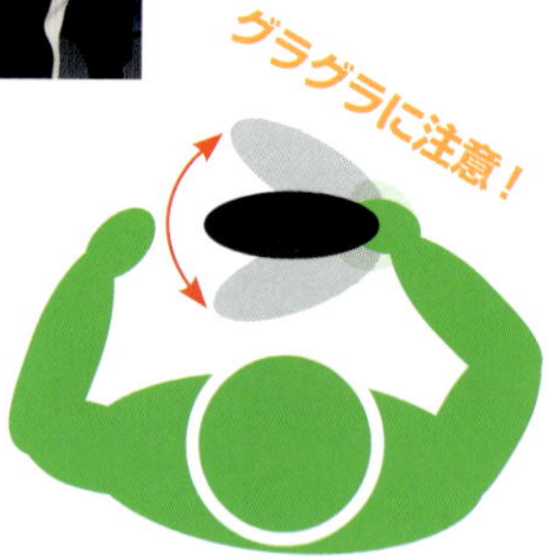

手首を動かしすぎると、ラケットがいろいろな方向に向いてしまう

■ 目指せ、ラリー 10往復！

フォアハンドと同様に、バックハンドでもお互いに打ち合ってラリーができるようになるくらいまで安定させることが目標です。ここでも10往復を目指してみましょう。体の正面でとらえ、まずはゆっくりのラリーからスタートしましょう。

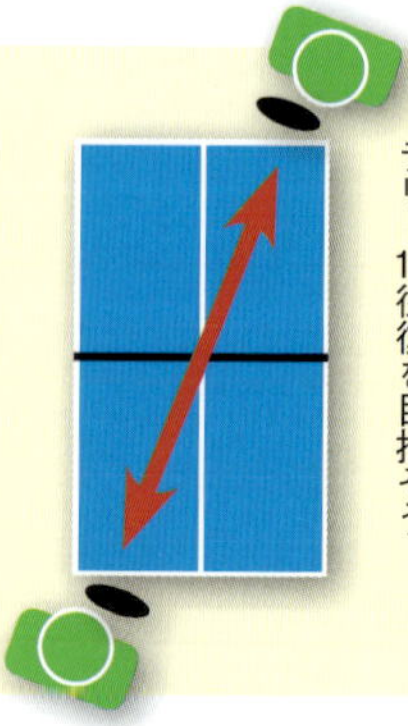

お互いにバックハンドでラリー10往復を目指そう

Butterfly

START

1 HOP フォアと同じく ネットの近くから！

ボールつきと同じ感覚で、小さく前に飛ばす

バックハンドの3ステップも、フォアハンド（p.34～37）と同様の行程となります。まず最初は、ネットの近くから打球。先ほども述べたようにバック面でのボールつきと同じ感覚で、高めの返球で良いので少し前に打ってネットを越えればOKです。フォームも気にせず、力を抜いて打球しましょう。

How to Play

練習者はフォア側のネットの近くに立ち、対角線上に立つ送球者のほうを向いて構える。送球者がボールを送り、それをバックハンドで打球する

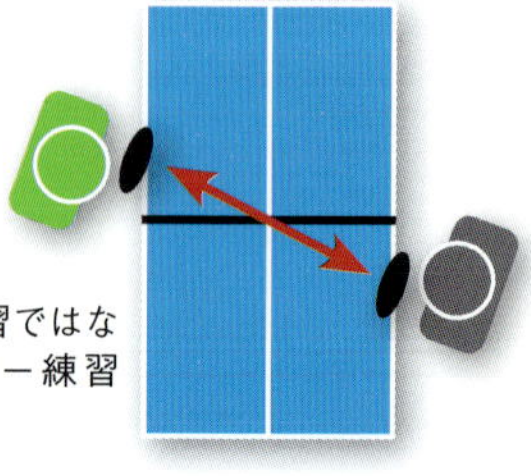

多球練習ではなく、ラリー練習でもOK

2 STEP 少し離れた位置から打ってみよう！

3 JUMP 基本の位置で打ちバックハンド完成！

徐々にネットから距離をとり、飛ばす感覚を覚える

【STEP】【JUMP】の基本もフォアハンドと同じです。ある程度、ネットの近くでの打球に慣れてきたら【STEP】では、少しずつネットから距離をとって、打球します。離れた分、強く打って遠くに飛ばす必要が出てくるので、この中で飛ばす感覚と力加減が身についていくはずです。

そして【JUMP】では実戦での立ち位置に戻り、ラリーに挑戦します。最初はゆっくりで構わないので、ミスなく確実に入れることを意識してください。慣れてきたら飛ばす方向を変えて、コースを狙う意識も持ちましょう。

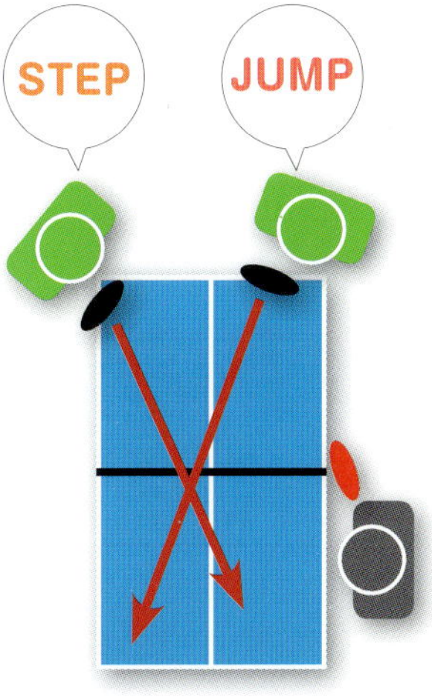

ペンのバックショート

前に押して飛ばす、ペンのバック系技術の基本

シェークハンドのバックハンドに対して、ペンホルダーの基本となるのが「バックショート」と呼ばれるテクニックです。

ラケットの先端を左側に向けた状態で、打球面をほぼ垂直に立てて構え、前方へボールを押し出して打球します。力は入れず、ラケットの反発力を利用するイメージで、軽く前に押すだけでOKです。

打球する面がうまく正面に向けられないという人は、ショートの時だけ親指をラケットから浮かすようにすると打ちやすくなります（写真）。

1 HOP 2 STEP 3 JUMP

3ステップはシェークのBH《バックハンド》と同じ！

ネットの近くから始め徐々に距離をとってみよう！

バックショートの3ステップは、シェークのバックハンド（p.78 ~ 79）とほぼ同じです。ネットの近くから始めて、徐々にネットとの距離をとっていき、飛ばす感覚をつかんでいきます。

※写真では練習者のすぐ横の位置に送球者が立っていますが、シェークのバックハンド（p.78）の時と同じように、コートの反対側からの送球でも問題ありません

VICTAS
Butterfly

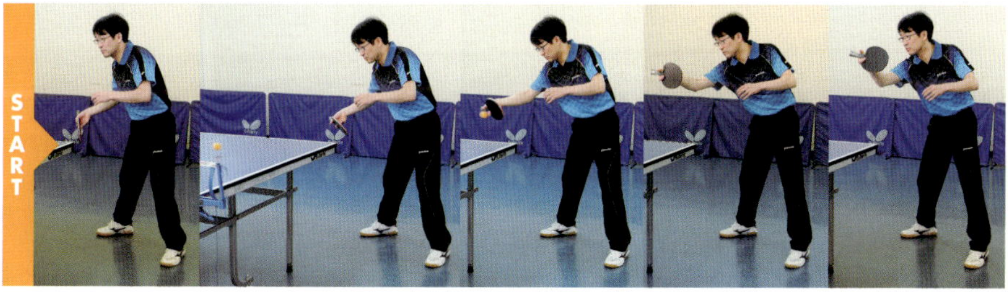
START

ペンの裏面《うらめん》バックハンド

シェークと同じように振れるペンのバック技術

ペンホルダーで両面にラバーを貼っている人に身につけてほしいのが、「裏面バックハンド」です。中指・薬指・小指が接している「裏面」で打球する技術です。

基本的なスイングは、シェークのバックハンドと同じで、打球面を相手に向けた状態でボールを待ち、ひじを支点にして、右斜め前方に振って打球します。

裏面の場合は、打球面を正面に向けるのが少し難しい（下に向きやすい）ので、グリップでの指の力の入れ方で角度を作ります。具体的には、親指で打球面を押さえて、逆に人差し指の押さえる力は抜きます。また裏面側は、中指と薬指の2本で面を支えます。

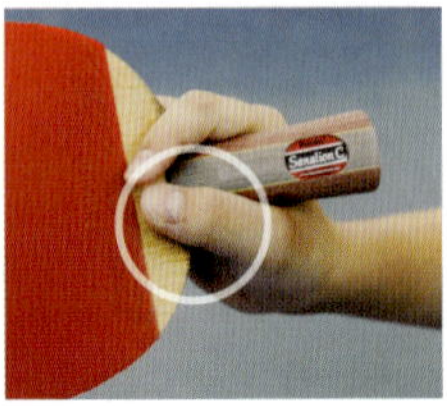
親指でグッと押す

1 HOP　2 STEP　3 JUMP

3ステップはシェークのBH《バックハンド》と同じ！

ネットの近くからスタート！

シェークのバックハンド、ペンのバックショートと同様に、裏面バックハンドもネットの近くからスタートするのが良いでしょう。具体的な方法はシェークでの3ステップ（p.78 ～ 79）を参考にしてください。

START

Lesson 4_4

下回転に対するBH《バックハンド》ドライブ

バックハンドで先手を仕掛ける必須テクニック

強い上回転をかける攻撃技術「ドライブ」は、バックハンドでもぜひ身につけたい技術です。フォアハンドと同じように、まずは下回転ボールに対する打球から始めます。

基本のバックハンドをベースにしながら、より大きく強くスイングし、こすり上げるようにして打球。しっかりと回転をかけられるようにすることが目標です。

下回転に対するドライブを身につけることで、戦術の幅もグンと広がりますので、早い段階から練習に取り組み、試合でも積極的に使うようにしていきましょう。

日本屈指のバックドライブを放つ岸川聖也選手

【HOP】の前に、「下回転は落ちる」をバックでも体験！

フォアハンド（p.40）と同様に、バックハンドのドライブでも、まずは下回転を普通に打球し、「落ちる」ということを体験してみましょう。

第一段階の【HOP】では、まずはボールを「落とさない」ということを第一の目標にして、打法を学んでいきます。

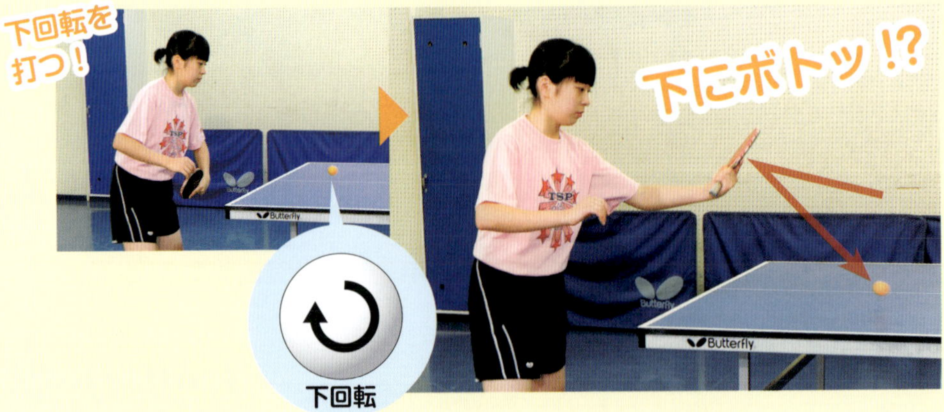

Butterfly

START

1 HOP

面を上に向けて ネットを越えよう！

まずはネットを超えることを目標に打つ

START

p.42 ～ 43でも学んだように、下に落ちるボールを持ち上げる最も簡単な方法が、打球面を上に向けて打つという打ち方です。バックスイングでラケットを下に引き、面を上に向けて、上方向にスイングすれば、ネットを越えるのは簡単。まずはオーバーミスからスタートして、徐々に相手コートに入れられるようにしましょう。

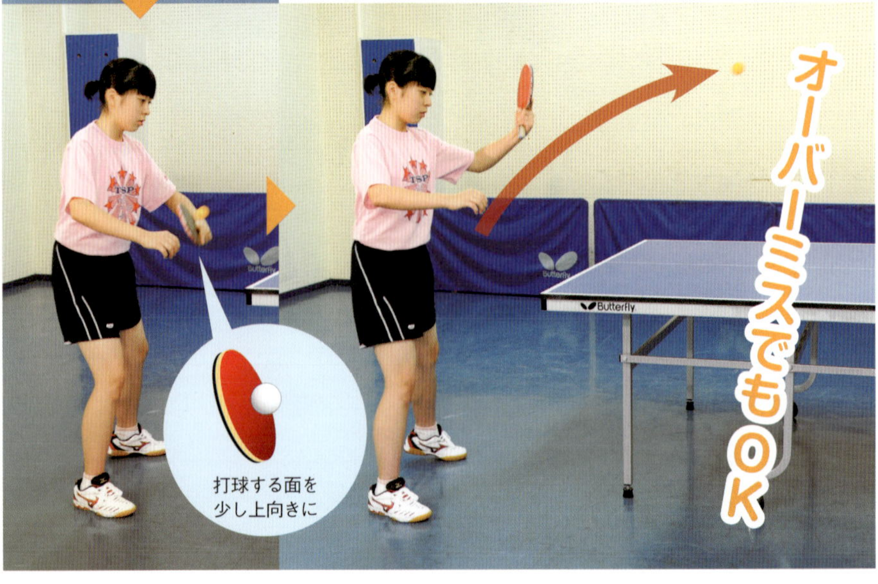
打球する面を
少し上向きに
オーバーミスでもOK

2 STEP こすり上げて山なりに飛ばそう！

ボールの後ろをとらえて、こすって持ち上げる

【HOP】で上に飛ばすことができるようになったら、次はこすり上げてボールを上に飛ばしていきます。

打球面をほぼ正面向きにしてボールの真後ろをとらえ、上方向にスイングします。飛ばす軌道も少し高めの山なりでOK。無理にこすろうとすると力が入ってしまうので、【HOP】の形（面が上向き）から少しずつ回転をかけるスイングに移っていくと良いでしょう。回転量を多くする必要もありません。まずは確実にネットを越えることを重視しましょう。

上方向にこすり上げる！
Butterfly
打球面はほぼ正面を向き、ボールの後ろをとらえる

3 JUMP

より速く強く！ 実戦的バックドライブ！

より速いスイングで打つ。ひざの屈伸もポイント！

下回転のボールをしっかりとこすり上げられるようになったら、徐々にスイングを速くして、より攻撃的なドライブに近づけていきます。ボールの軌道も徐々に低くなり、スピードのある打球になっていきます。

意識したいポイントが、ひざの屈伸《くっしん》です。バックスイングでひざを曲げ、体を沈ませたら、スイングと同時にひざを伸ばします。屈伸の動きをプラスすることで、こすり上げる力が強くなりますので、ネットミスが多いと悩んでいる人は、ひざの屈伸を使ってみましょう。

また打球する時に、ひじを前に出すようにすると、腕が使いやすくなり、打球が安定します。

ひざの屈伸で
回転量アップ！

START
体を沈み込ませる
ひじを前に

「頂点」をネットより手前に作るイメージ

フォアドライブで、「ボールの軌道の頂点をネット上に作る」というポイントを紹介しました (p.46)。バックの場合は、ネット上かやや手前に頂点を作るイメージで打つと良いでしょう。

上方向へこすり上げて、頂点をネットの手前に作る。この2つを意識するだけで、ミスは大きく減るはずです。

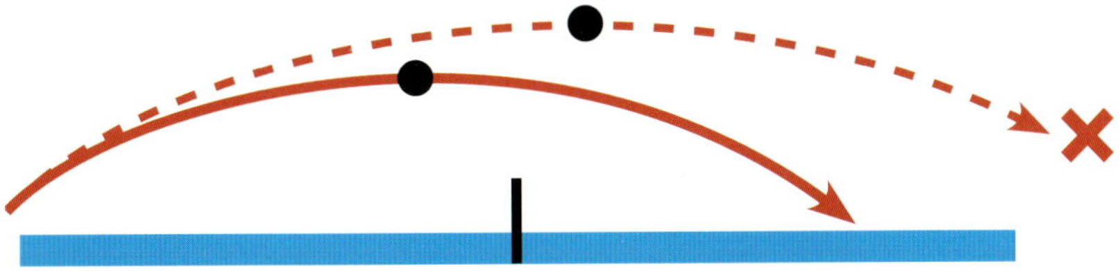

Lesson 4_5

上回転に対するBH《バックハンド》ドライブ

バックハンドドライブでラリーがさらに強くなる

下回転に対するドライブを覚えたら、次は上回転に対してのドライブです。

実戦ではお互いにバックハンドで打ち合う､いわゆる「バック対バック」のラリー戦が多く見られます。その時にただ安全に返すだけのスイング（基本のバックハンド／ p.76 ～ 77）ではなく、強い回転をかけ、より攻撃的な打球にできると有利に戦えます。

最初はスピードのあるボールにならなくて良いので、基本の「バックハンド」との違いを意識しながら、回転をかける感覚をつかむことが重要です。

フォアハンドドライブの時と同じように、まずは上回転のボールに対し、前に学んだ下回転に対するドライブのスイングをし、オーバーミスの体験をしてから、3ステップに入ると良いでしょう。

■ ひとりでできる！ 床にバウンド練習もやってみよう

フォアドライブのところでも紹介した(p.56)、「床についたボールを打つ」という練習をバックでもやってみましょう。この練習を行うと、ボールの軌道（放物線）がイメージしやすくなり、バックスイングの取り方も上手になります。

スイングのポイントとしては、無理に手首で振ろうとしないこと。手首は柔らかくしておき、腕全体の動きの中で自然と使われるイメージで振ると良いでしょう。

Butterfly

START

HOPの前に…

コレで“かける感覚”はバッチリ！

バックでもコロコロチップ練習！

p.48 ～ 49で紹介した、転がすボールをドライブする練習はバックハンドドライブでも有効なので、練習しておきましょう。

回転をかける感覚に、力はいりません。腕をリラックスさせたほうが、「チップ感覚」がわかりやすくなります。

1 HOP

ゆっくりのボールをこすってみよう

回転をかける感覚を意識しながら、軽くスイング

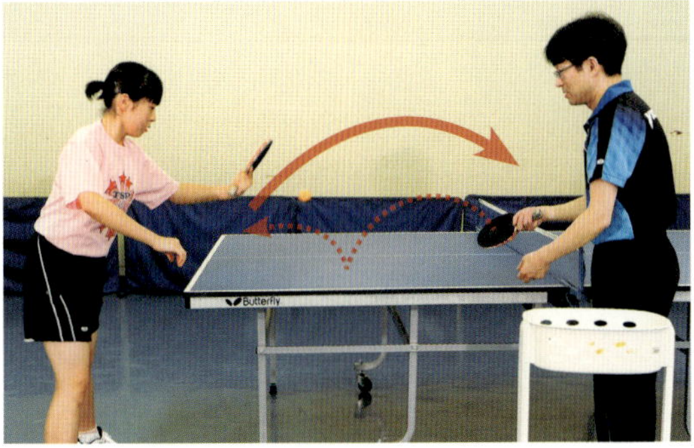

最初の練習は、送球者にネットの近くから上回転ボールを出してもらい、ドライブをかける練習です。山なりの高いボールで良いので、まずは自分から回転を加えることを意識しましょう。

2 STEP

より速いボールに対しかけてみよう！

実戦に近いボールをコンパクトなスイングでかける

少しずつ実戦に近いボールに対して、ドライブをかけていきます。送球者は【HOP】の時よりも距離をとってボールを出します。

練習者は少し強めのスイングで打球。しかし、大きいスイングにする必要はありません。

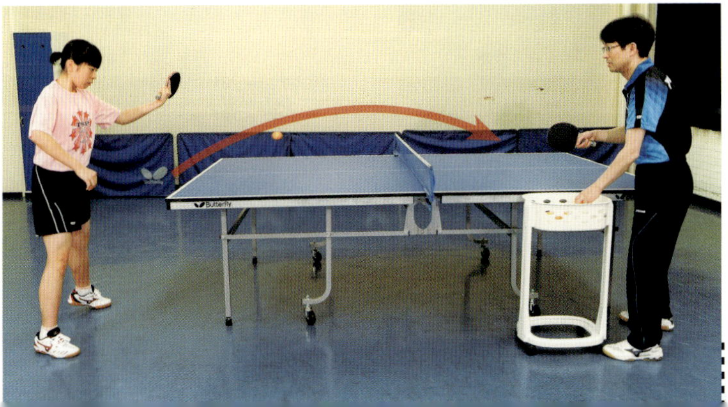

3 JUMP

実戦力を高める「動いて打つ」練習

バック側に体を近づけるイメージで！

フォアハンドと同じように、バックハンドドライブの【JUMP】も、動いて打球する練習になります。これでより実戦的で安定したドライブになっていくでしょう。

足をどのように動かすかは気にしなくても大丈夫です。「動く」というより、体を「近づける」イメージを持つことがポイント。

多球練習に慣れたら、ミドルに立ち、一球一球動きながらラリーを続けるという練習にも挑戦してみましょう。自ら打ちにくい環境を作り、それに対応する練習というのは、非常に効果的です。

How to Play

練習者はミドルに構え、送球者はバック側にボールを出す。それに対し、バック側に動きながら打球。打った後は再び構えの位置に戻り、これを繰り返す

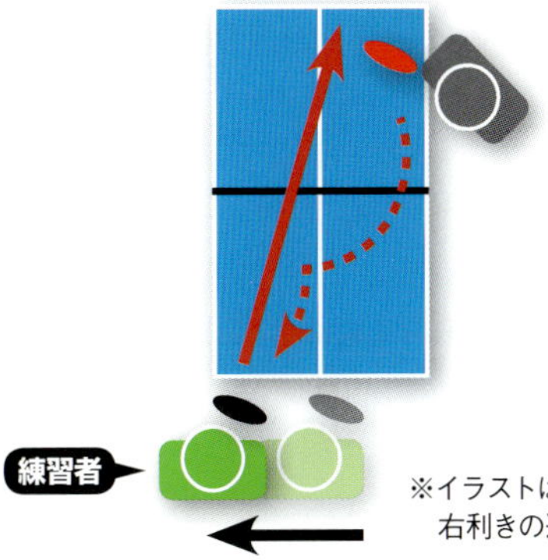

※イラストは右利きの選手

BH《バックハンド》ブロック

最も使用頻度の高い守備技術。「壁」になって返球

実戦では相手にバックサイドを狙われることが多くあります。その時に重要となるのが、バックハンドでのブロックです。何本打たれても、確実に返球できる安定感バツグンのブロックが身につけば、相手に攻められても怖くなくなります。

スイングは、フォアハンドでのブロックと同じで、大きく振らず、ラケットに当てるだけでOKです。

イメージとしては、自分の体の前に「壁」があり、その壁に打球面をピタッと合わせるような感じです。手首がグラグラしているとブロックは安定しないので、壁につけるようにして手首も固定します。

またフォアのブロックで紹介した、「上から目線」(p.62)のポイントも効果的です。自分自身が壁になったつもりで、ドッシリを構えて、ボールをはね返しましょう。

Butterfly
Butterfly

START

1 HOP まずは確実にラケットに当てよう！

ボールをラケットに当てて、打球面の向きを調整

最初は、相手にドライブやスマッシュをバック側に打ってもらい、ラケットに当てる練習から始めます。スイングは考えず、ボールが来る位置に正確にラケットを移動させるだけでOKです。慣れてきたら、相手のコートに入るように打球面の向きを調整してみましょう。

2 STEP コースを予測しながら左右のズレに対応！

ボールが来る位置にラケット＆体を移動させる

ワンコースで確実に当たるようになったら、次はバック側半面にコースを打ち分けてもらい、それを打球していきます。

ここでも確実にラケットに当てることが最初の目標ですが、コースに合わせてラケットを動かす時は、腕だけでなく体で近づくように意識しましょう。そうすることで打球も安定します。

また、相手の打球時はボールだけに集中せず、相手の動きを見ることが大切です。相手を見る意識があると、相手のスイングからどこのコースに打ってくるのか「予測する能力」(p.112 ～ 117参照) が身についていきます。

3 JUMP

相手を惑わす変化ブロックに挑戦！

応用編の技術で、ブロックの感覚を磨いていく

続いて【JUMP】では、よりハイレベルなブロックにチャレンジしてみましょう。今まで学んできたブロックは、ほとんどラケットを動かさずに返球してきましたが、今度はラケットを横にスライドさせながら打ってみます。ラケットの動きにより、返球したボールには通常と違う回転が加わり、相手が打ちにくくなるのです。

他にもラケットを上や下に動かしたり、フォアブロックで学んだ打球点の変化(p.66)にもチャレンジしてみましょう。どちらかと言うと応用編とも言えるやや難しい技術ですが、初級者の段階からこのような技術に積極的に取り組むことで、より早く、より多くの打球感覚をつかむことができるのです。

POINT

できる限り前方へ押し出す力は加えず、打球面の向きに沿ってラケットをスライドさせる。うまく当たらない場合は、まずは通常のブロックで確実に当てて、「打球と同時に動かし始める」という方法でやってみると良い

Lesson 4_7

カウンターBH《バックハンド》ドライブ

相手の強打に対し、バックドライブで攻め返す

前述したブロックは、相手の攻撃を確実に返球するための技術ですが、ただ安全に返すだけでは、相手に連続で攻撃されてしまいます。そこで実戦では、相手の攻めに対し「カウンター」で攻め返すことも大切になります。

スイングは通常の上回転に対するドライブよりもコンパクトになり、ひじから先を使って回転をかけるイメージです。相手のボールの回転・スピードを利用しながら打つので、強く力は入れずにスイングすることがポイントです。

1 HOP

“少しこする”ブロックで確実に返球

バックのカウンターも基本は「ブロックの延長」

　フォアのカウンターと同じように、バックでもブロックの形からスタートします。まず最初は相手に軽く打ってもらい、それを当てるだけのブロックで返球し、徐々に当てる瞬間に上方向へのスイングを加えて、回転をかけていきます。少しだけこすり上げるブロックというイメージです。バックスイングはとらず、ブロックの構えから振り始めるようにしましょう（下図）。

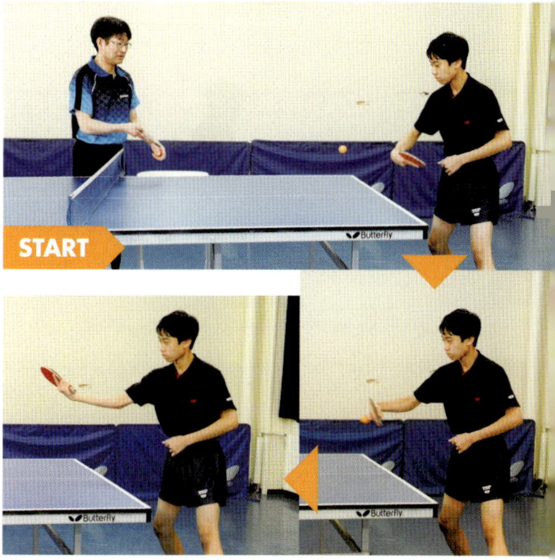

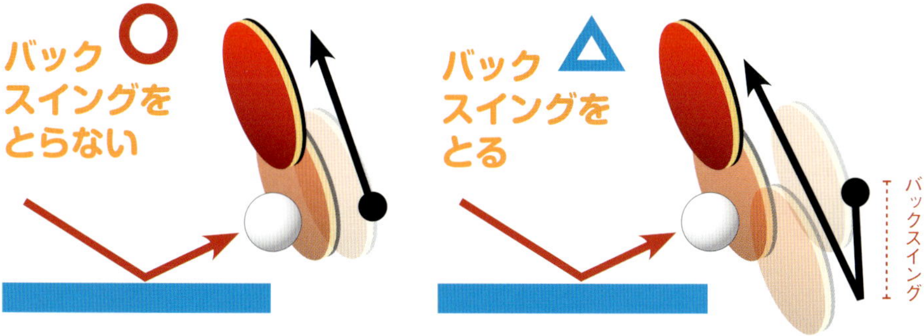

STEP 2

飛んでくるボールをこすって飛ばす！

フォロースルーでボールをコントロールする意識

ブロックの位置からスイングして回転をかける感覚をつかんだら、より実戦に近いボールに対して、同様にカウンターを行います。ここでもバックスイングはとらず、コンパクトに振っていきます。

安定性を高めるには、「打球後のスイング(フォロースルー)でボールをコントロールする」意識がポイント。たとえば、オーバーミスを改善する際、「打球時に打球面を下に向ける」と意識するよりも、「当たってから面を下に向ける」とイメージしたほうがコントロールしやすいのです。同様にフォロースルーを打ちたい方向に向ければ、コースの打ち分けも簡単です。

3 JUMP

バックスイングで威力アップ！

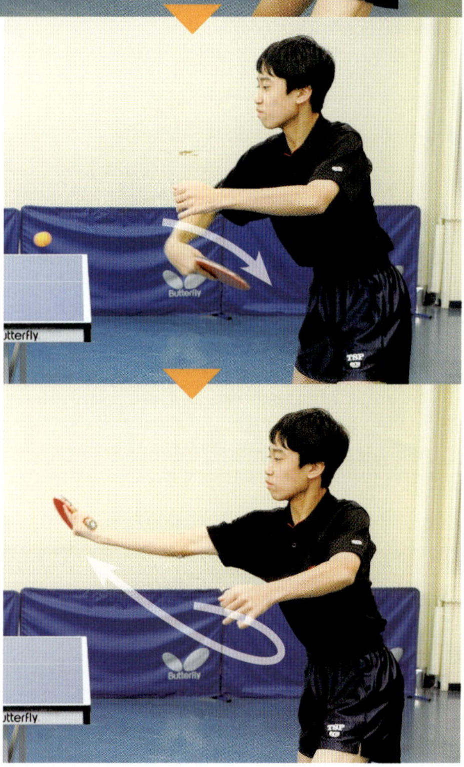

小さくバックスイングをとり、反動で打つ

【HOP】【STEP】までは、ブロックの延長と考え、バックスイングをとらないで打ってきましたが、最終段階として、バックスイングをとった、より威力のあるカウンターにしていきます。

バックスイングをとると言っても腕全体で大きく引くのではなく、ひじと手首を利かせて、コンパクトに振ります。フォアのカウンターで反動を使うと説明したように、バックでも引く反動を使いましょう。あまり早くからラケットを引かず、ボールが自分のコートにバウンドしたと同時くらいで引き始めるとタイミングが合います。

フィッシュ

強打に対して、台から離れて返球する守備的技術

相手に攻め込まれた際に、台から距離をとって返球する守備的テクニックが「フィッシュ」です。フォアハンドでも可能ですが、実戦ではバックハンドで使うことが多いので、バックハンドの技術として紹介します。同じく守備的な技術で、高く返球する打法は「ロビング」と呼ばれます。

これらの台から離れて打つ技術は、打つ楽しさもあり、感覚練習としてもオススメです。遠くから飛ばす感覚に慣れたら、回転をかけるなどして、いろいろな打ち方にチャレンジしてみると良いでしょう。

1 HOP

台から離れたブロックで返球！

相手のボールの勢いを利用して、はね返す

まず最初は、相手の強打に対し、台から少し離れた位置で「ブロック」をする練習からスタートします。ブロックなので、ラケットを動かす必要はありません。相手のボールの勢いを利用して、前方にはね返すだけ。返す高さも気にしなくてOKです。

少し難しいと感じたら、普通のブロックに戻り、徐々に下がっていって、感覚をつかんでいきましょう。

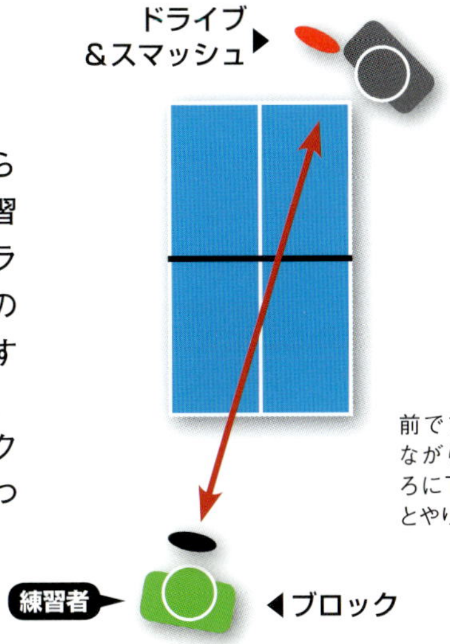

前でブロックをしながら、徐々に後ろに下がっていくとやりやすい

2 STEP 台から離れた位置で次は「軽くドライブ」

コンパクトなスイングで、力を抜いて回転をかける

台から離れたブロックができるようになったら、同じ位置でボールに上回転をかけていきます。つまり今度は台から離れたドライブです。スイングはコンパクトに振り、バックスイングも大きくとる必要はありません。

上回転をかけることでフィッシュが安定するようになり、また相手の台にバウンドした時に、回転の影響でボールのスピードが少し加速する（ボールが伸びる）ため、相手が強打しにくくなるというメリットも生まれます。

3 JUMP もっと台から離れて強く飛ばす

軌道を高くしたロビングにも挑戦してみよう

最後はさらに離れた位置の打球に挑戦しましょう。スイングも強くし、しっかりと回転をかけていきます。

台から下がると、相手が打ったボールのスピードもかなり減速されるので、ゆっくりと落ち着いて回転をかけていきましょう。これができれば、フィッシュの基本はバッチリです。

慣れてきたら、もっと高い軌道で返球するロビングにもチャレンジしたり、ボールの横をこすってカーブさせるなど、遊び感覚でいろいろと試してみましょう。

Lesson 5

切り替え & ラリー

COMBINATION OF FH & BH

フォアとバックの切り替え

フォアハンドとバックハンドのスムーズな使い分け

これまでは、フォアハンドはフォアハンド、バックハンドはバックハンドとそれぞれを分けて習得してきました。次は、それらを組み合わせて、フォアからバック、バックからフォアへと打法をスムーズに使い分ける技術が必要になってきます。それが「フォアとバックの切り替え」です。

切り替えの練習をしっかり行うことで、実戦力が大きくアップし、よりミスのないプレーが可能になります。逆に切り替えの練習をせず、フォアとバックを分けた練習ばかりだと、どんなに練習で上手にできたとしても、試合には生きてきません。ある程度基本打法ができるようになったら、積極的に切り替えの練習に取り組むことが大切なのです。

では、3種類の切り替え練習を段階的に紹介していきましょう。

1 HOP　1球ずつ交互にFH & BHで打つ！

交互の打球で切り替えの基本を学ぶ

もっとも基本的な切り替えとして、フォアハンドとバックハンドを交互に打つ練習からスタートします。足を動かさない“突っ立った”スイングにせず、左右に動いて、体をボールに近づけるイメージで行いましょう。

How to Play

フォア側とバック側に交互にボールを出してもらい、それぞれをフォアハンドとバックハンドで交互に打ち、相手のバック側かフォア側に返球する。難しい場合は、多球練習で行うと良い。慣れてきたら、フォアドライブ&バックドライブでの切り替えに挑戦

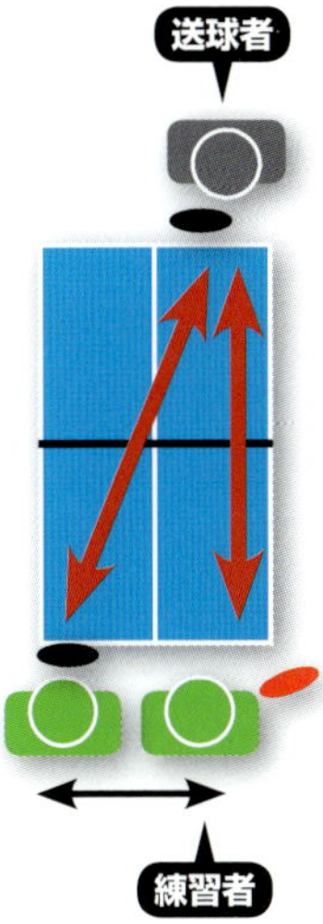

2 STEP　バックサイドで動きながら切り替え

動きを加えてより実戦的な形に

次は同一のコースに対する切り替えです。ボールの位置に合わせて、しっかりと動く必要が出てきます。このバックサイドでの切り替えは、実戦でも多く使われる非常に重要な動きなので、しっかりと練習を行いましょう。

How to Play

バック側のワンコースにボールを出してもらい、練習者は左右に動きながら、フォアハンドとバックハンドを交互に行う。慣れてきたら、フォアドライブ・バックドライブの切り替えにも挑戦

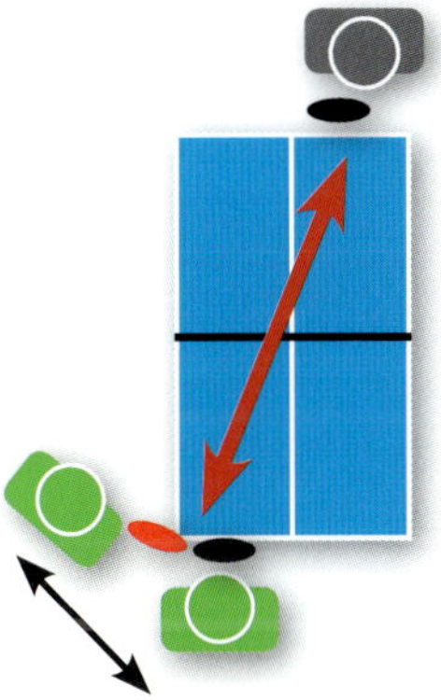

【HOP】【STEP】ともに、打ち始めをフォアハンドからスタートする人が多いので、時々バックハンドからも始めましょう。そうすることで、より実戦的な練習に近づきます。

3 JUMP

フォア側・バック側で連続切り替えラリー

コート全面での切り替えでさらに実戦的に

最後は、難易度も上がり、フォアサイドとバックサイドの両方での切り替えに挑戦します。【HOP】【STEP】も含め、これらの切り替え練習では、体の移動、つまりフットワーク（レッスン8参照）も必要になりますが、足をどのように動かすかは、特に意識しないで大丈夫です。ボールの位置に体を近づけるという意識があれば問題ありません。

切り替え練習を行えば、フォームなどを気にしなくても、スムーズに両ハンドが振れるようになっていきます。

How to Play

フォア側2本、バック側2本で出してもらい、それぞれのサイドでフォアとバックの切り替えを行い、それを連続して続ける（順番はイラスト参照）。慣れてきたら、フォアドライブ・バックドライブの切り替えにも挑戦する

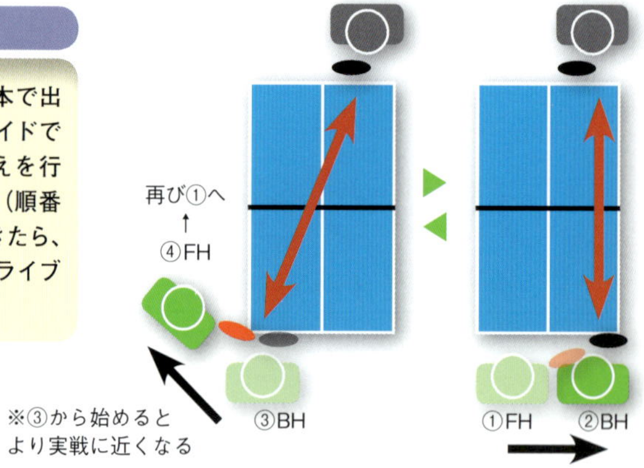

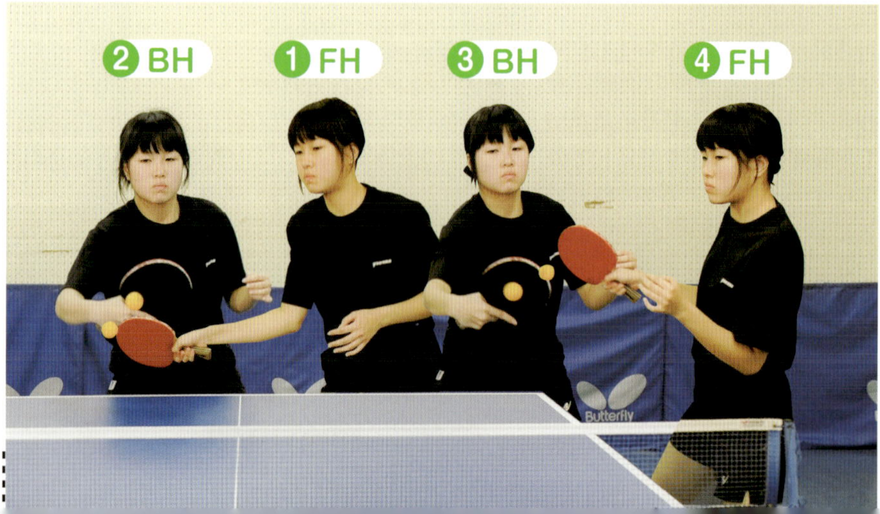

よく聞く切り替えのコツに迫る！

「打ったら構えに戻る」は実はムダな動き!?

切り替えのコツとして、「打球後は毎回“構え”（ニュートラル）の体勢に戻る」という表現をよく聞きますが、実はこのアドバイスには注意が必要です。

次球に備えて体勢を整えるというのは大切なことですが、だからと言って一球一球真ん中にラケットを持ってくるというのは実はムダが大きく、これがクセになると、実戦で振り遅れる原因になってしまうのです。上手な選手の動きを見ると、そのような一球一球戻る動きはなく、打球後のスイング（フォロースルー）から流れるようにして次のスイングに切り替わっていきます。「振り終わりが次のスイングのスタートになる」イメージです。

「真ん中に戻らないと全面に対応できない」という意見もあるかもしれませんが、そのようなことはありません。次ページから紹介する、相手を観察し、次の打球をいち早く予測する能力を身につければ、十分に対応できます。

では、次からはラリー力を高める最も重要な要素である「観察と予測」について説明していきましょう。

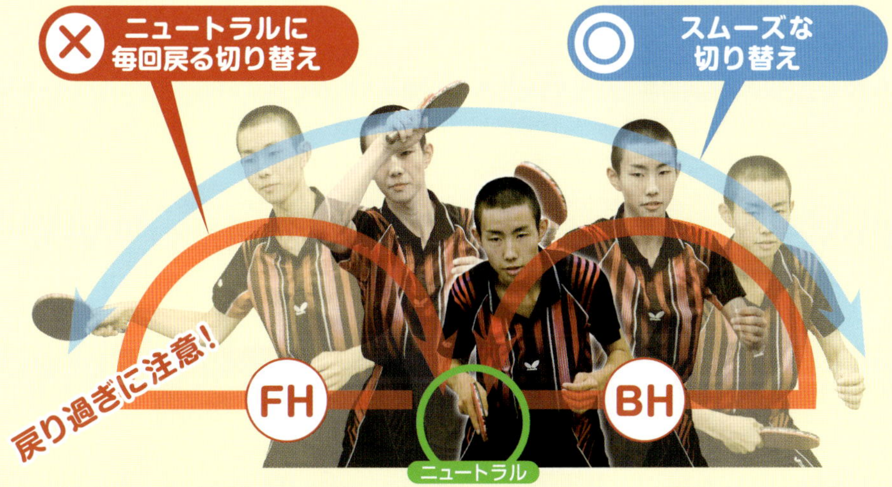

最小限のラケットの動きで切り替える「スムーズな切り替え」に対し、「ニュートラルに戻る切り替え」は余計な動きが多い

ラリーにおける観察＆予測

卓球で最も大切なのが観察＆予測の能力だ！

実戦でのラリー戦においては様々な能力が求められます。スイングの安定性、戻りの早さ、反射神経などです。そして、そういった中でも最も大切なのが、相手の動きをしっかりと「観察」し、相手が打つ前にどこにどのようなボールが来るのかを「予測」する能力です。

「そんなの難しいよ」と思う人もいると思いますが、実は誰でも相手の動きを見て、ある程度の予測はしています。その証《しょう》拠《こ》に、相手をだます動き、つまりフェイントには誰でもひっかかったことがあるはずです。飛んできたボールに反応するだけではなく、相手の動きを見て、予測しているからこそ、フェイントにひっかかってしまうのです。

そのような観察＆予測能力を、何となく身につけるのではなく、意識的に高めることが、初・中・上級者、すべての選手に大切なポイントです。

ボールではなく、相手のラケットを観察しよう！

まずは、相手を観察する能力から鍛えていきましょう。

そこでひとつ質問です。相手が打つ時、あなたはどこを見ていますか？ 自分の打球が相手のコートに入るかが気になって、ボールだけを目で追ってはいませんか？

観察でまず大切なのが、相手が打球する時は「相手のラケット」を見るということです。ボールを見ていても次は予測できません。ラケットを見る意識があれば、予測能力は徐々に向上していきます。しっかりとラケットを見られるようになったら、もっと視野を広げて、全体的に相手を見られるようにしていきましょう。最終的には打つ時の相手の表情までもがわかるようになるのがベストです。

ボールではなく
相手を見るのです！

ボールへの一点集中はダメ！

ボールの動きを目で追う

→ 相手の動きが
見えないから
予測ができない

↓

ラリー戦で
勝てない…

相手が
打つ時に…

ラケット&相手を見る

← 相手の動きが見える
から予測ができて、
早く動ける

↓

ラリー戦で
**優位に
立てる！**

相手&ラケットを広い視野で見よう！

1 HOP ラケットの向きを見て左右に動こう

ボールのない練習で、まずはラケットに集中

観察&予測能力を高めるための3ステップに移ります。まずは相手のラケットの角度に合わせて左右に動くという、ボールを使わない簡単な練習から始めます。この練習により、ラケットの向くほうに動くという予測の基本と、相手を注視しながら動く感覚を学んでいきます。

How to Play

指示する側は「ハイ」というかけ声とともにラケット（打球面）の向きを左右に自由に変え、練習者はラケットが向いたほうへすばやく動く

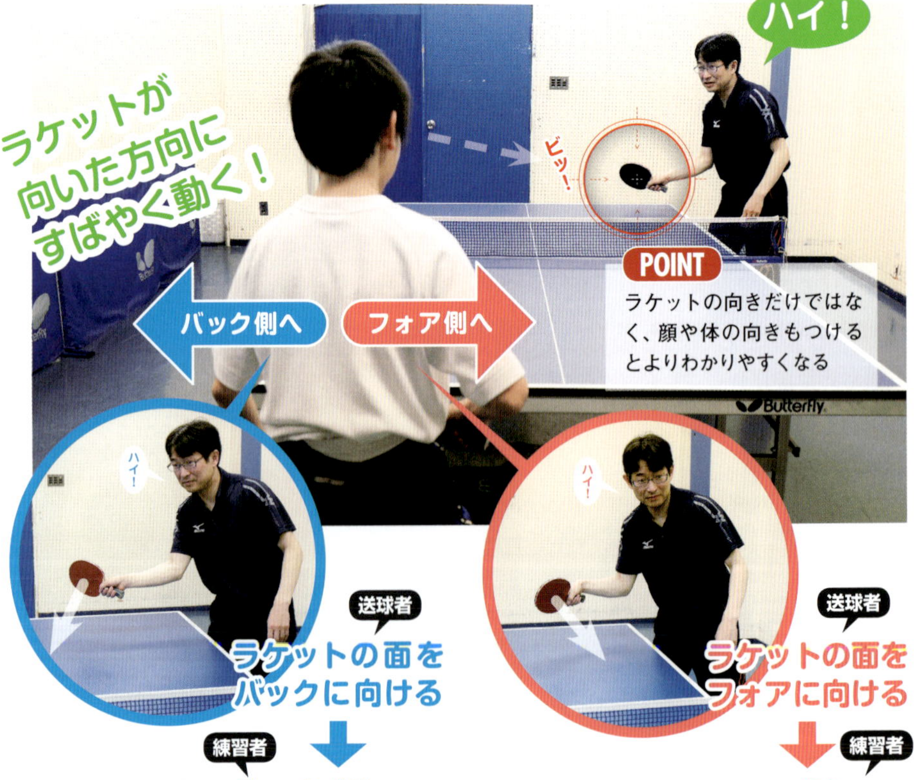

ハイ！
ビッ！
ラケットが向いた方向にすばやく動く！
バック側へ
フォア側へ
POINT
ラケットの向きだけではなく、顔や体の向きもつけるとよりわかりやすくなる
ハイ！
ハイ！
送球者
ラケットの面をバックに向ける
送球者
ラケットの面をフォアに向ける

練習者 バック側に動く

練習者 フォア側に動く

2 STEP 打つ人の向きで コースを予測しよう

多球練習で全面に出し、相手を見て動いて打つ！

　ボールを使わない練習でスムーズに反応することができるようになったら、次は多球練習形式で送球者の動きを見てコースを予測し、その場所に動きながら打球します。最初は、送球者がラケットや顔、体の向きをやや大げさにすると良いでしょう。フェイントを入れてしまうと、予測に混乱が生じてしまうので、この段階ではコースを予測しやすい動きで出すことがポイントです。

How to Play

送球者がバック側（もしくはフォア側）に立ち、練習者側のコート全面にボールを出す。練習者はコースを予測しながら、両ハンドで返球。最初はゆっくり行い、慣れてきたら実戦に近いスピードで行う

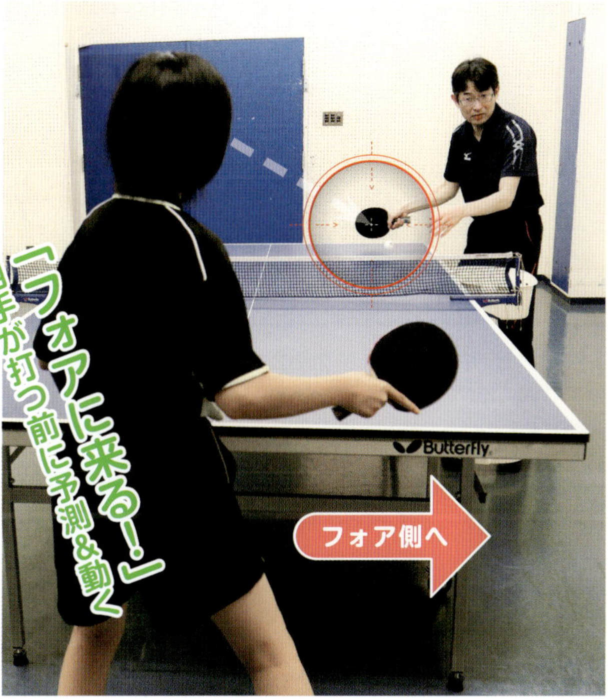
「フォアに来る！」
相手が打つ前に予測&動く
フォア側へ
Butterfly

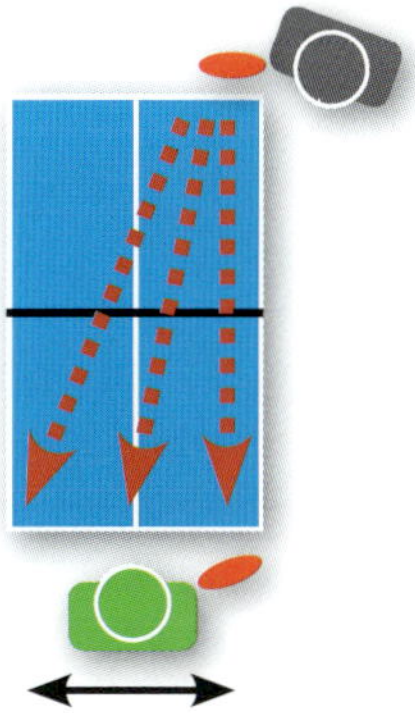

送球者が下回転のボールを出し、ドライブで返球するという練習も可能

3 JUMP 自分が打つ時も 相手を見る！

相手を見ながら打てれば、最適なコースが突《つ》けれる！

【HOP】【STEP】では、“相手が打球する時”の観察＆予測でした。次は、観察のさらなるレベルアップとして、“自分が打つ時”にも相手を見るようにしていきます。

相手を見ながらの打球ができれば、次にどのようなことをやろうとしているのか、早い段階から予測することが可能になります。また、相手の立ち位置を見てコースを打ち分けることもできるのです。

「相手を見ていたら、空振《からぶ》りしそう」と心配する人もいますが、慣れてくると相手を見ながらでも、しっかりとボールが認識できるようになるので問題ありません。

まずは、簡単なフォアハンドなどで相手を見ながらの打球にチャレンジしてください。次のページに、観察力を高めるユニークな練習法を紹介するので、楽しみながらやってみましょう。

相手を見ながら
コースを突ける！

打球するだけで
精一杯…

観察力を高めるオモシロ練習法

❶「判断」を加えた切り替えラリー

これは相手の打法によって自分の打法を変えるという「観察」に「判断」を加えた練習です。相手が打つ時に判断していては間に合わないので、自分が打つ時に相手を見るようになります。

違う方法として、相手がラケットを回し、赤いラバーで打ったら練習者はフォアで返球、黒いラバーならバックで返球という練習法もあります。

How to Play

ワンコースでのラリーを続けながら、相手がフォアとバックを不規則に切り替え、相手がフォアで打ったら練習者もフォア、バックで打ったらバックというように相手の打法に合わせて練習者が打法を変える

相手がBHで打球▶練習者はBH

バック!
BH
BH

相手がFHで打球▶練習者はFH

フォア!
FH
FH

❷じゃんけんラリー

じゃんけん…
ぽん!
負け…
勝ち!

How to Play

お互いにラリーを続けながら、じゃんけんを行う練習。自然と相手を見ながら打球する感覚が身につく。最初はゆっくりのラリーでOK。ラリーのミス、ジャンケンの勝敗のそれぞれで得点を数えると楽しさが増す

ラリー力向上練習法

1 スタンス切り替えラリー

体勢が変わっても打てる“対応力”をつける！

実戦では様々な体勢で打球しなければならず、打ちにくい体勢であってもしっかりとラリーを続けられる対応力が求められます。この練習は、ラリー中にスタンス（足の位置）を変えることで、対応力を高めるという効果があります。また自分の意志で動くのではなく、外からの情報で自分の体をコントロールする練習にもなります。

How to Play

2人でフォアハンド（またはバックハンド）のラリーを行い、指示を出す側がラリー中に「ハイ」と言ったら、練習者はスタンスを切り替える。変える順番は、左足前→平行足→右足前→平行足→左足前の順。「ハイ！ハイ！」と一度に2回指示が出たら、スタンスも2回変化させる

左足前 ←（ハイ！）→ **平行足** ←（ハイ！）→ **右足前**

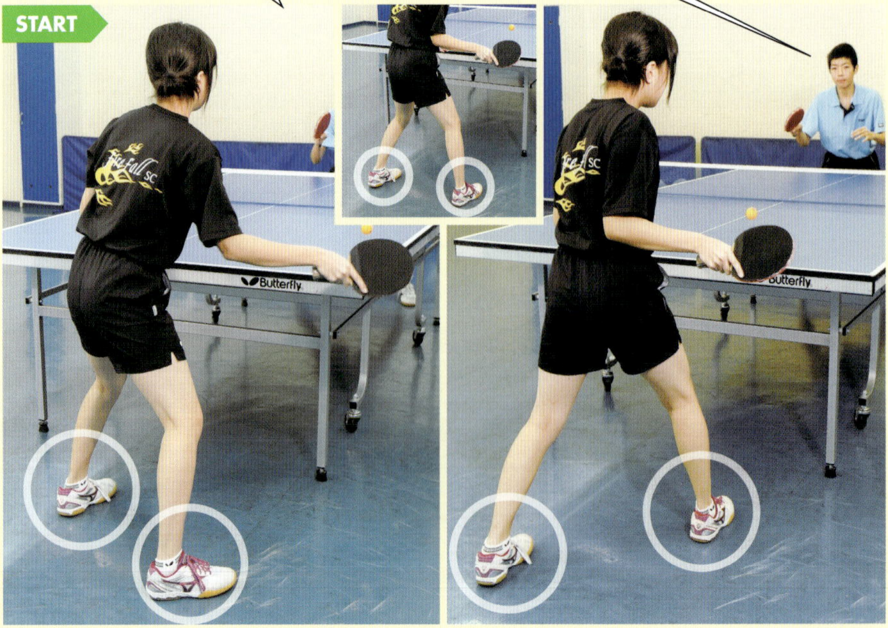

指導者の方へ

「しっかりボールを見ろ」は状況に応じて！

卓球では昔から「ボールをよく見ろ！」というアドバイスが使われます。しっかりとボールを見ようとすることで打球の安定性が上がり、練習に対する集中力も高まります。しかしながら、あまり見すぎるのも良くないというのが私の考えです。

前述したようにボールを見ると、相手が見えなくなります。それではコースを突いたり、次を予測することが難しくなります。確かにボールを最後まで見極めて打てば安定性はアップするかもしれませんが、結局は得点につながるような良い打球にはならないでしょう。ただラリーを続けるというのではなく、得点する、試合に勝つことが目的ならば、相手を見ながら打球するというのは絶対に必要なテクニックです。また予測能力が高まれば、相手が打った瞬間にコース、回転量などが判断できるので、ボールを注視しなくても安定した返球が可能になります。

ただし、絶対にボールを見てはいけない、というわけではありません。実戦では相手のフォームだけで変化を見極めることができないことは多々あります。そういう時は、手元までボールを見て、ボールのマークなどで回転を判断しましょう。

ひとつのフォームやスタンスにこだわりすぎない！

「フォアハンドの時は左足前で打て！」といったアドバイスもよく耳にします。それ自体は間違っていないのですが、そこにこだわりすぎるのは良くないと思います。卓球は複雑なスポーツなので、複数の球種が、あらゆるコースに、様々な状況で飛んできます。常に左足前でしか練習していない選手が、右足前で打球しなければいけない時に、しっかり打てるはずはありません。練習ではあらゆる状況を想定して、柔軟に対応できる能力を身につけさせることが大切です。常に同じ状況で何本も続けることが卓球というスポーツの目的ではないからです。

左ページで、スタンスを切り替える練習を行いましたが、他にも左右それぞれの足で「ケンケン」をしながら打つというのも効果的です。ひとつの型にはめず、実戦に則《そく》した動き、練習を心がけましょう。

2 ミス&ラリー

ミスをしても、予備のボールですぐにラリーを再開

実戦では「決まった」と思った自分の強打が返球されて、対応が遅れてしまうということがよくあります。この練習法は、ミスの後にもうひとつのボールですぐにラリーを再開させることで、ラリー戦での対応力を高め、よりレベルの高い選手に対する対応練習にもなります。

様々な練習メニューに取り入れられるので、ぜひ試してみてください。また試合形式で行う場合は、最初のミス、再開後のミスの両方で得点が入るようにすると緊張感が出て、よりおもしろくなります。

How to Play

練習者はあらかじめラケットを持っていないほうの手（フリーハンド）にボールを持っておく。ラリー練習を行い、どちらかがミスをしたら、ミスをした人がすぐに予備のボールを直接打って、ラリーを再開。次にミスしたら、ボールを持っている人がラリーを再開させる

すかさず違うボールで打球!

3 ブロック＆アタック

一回のラリーで攻めと守りがどんどん切り替わる

実戦では、ひとつのラリーの中でも、攻める側と守る側がめまぐるしく変化していきますので、そのように攻守を切り替える能力も必要になってきます。

この練習は、一般的なドライブ対ブロックで打ち合いながら、攻守を交代させることで、ラリーの対応力を高めます。また、相手の動きを見て、自分の動きを決めるという能力の向上にもつながります。

How to Play

2人でドライブ対ブロックのラリーを行い、何球か続いたら、ドライブ側がブロック（もしくはブロック側がカウンタードライブ）し、それに合わせて相手もドライブ・ブロックに切り替える。これを繰り返す

4 その他のラリー練習法

合図でコースを切り替え！

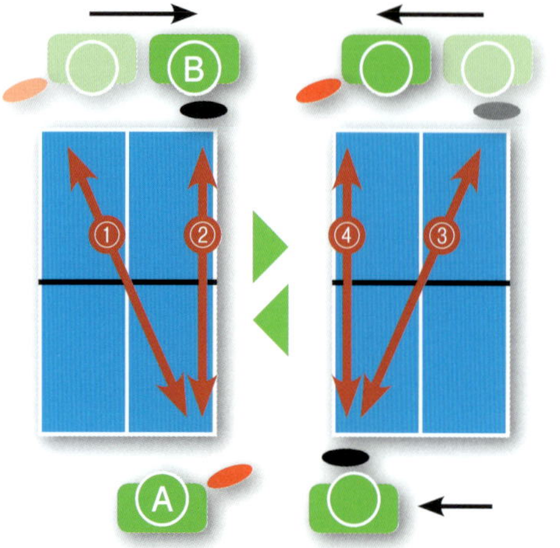

How to Play

フォアクロスでラリーをしながら(①)、Aの「ハイ」のかけ声とともに、ストレートのラリーに変更 (②)。次はBの合図でバッククロス (③)、その次はAの合図でストレート、最後はBの合図でフォアクロスに戻り、これを繰り返す。フォアサイドはフォアハンド、バックサイドはバックハンドで打球が基本だが、慣れてきたら、バックサイドをフォアハンドで打球する

「動く」から「動かす」への変化

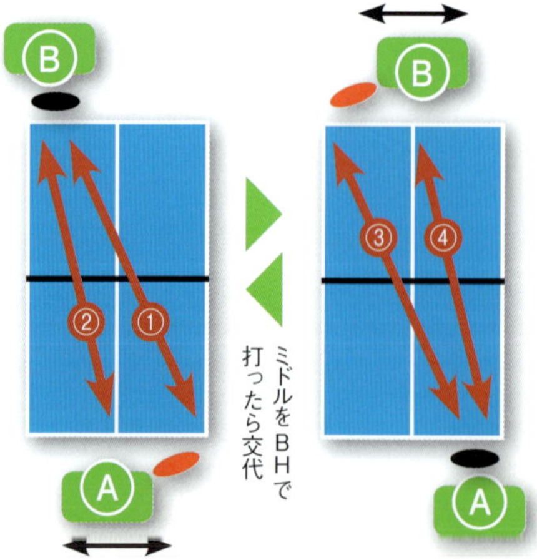

How to Play

Bがバックハンドで Aのフォアとミドルに交互にボールを送り、Aは左右に動きながらフォアハンドで打球する。何回か続いたら、Aがミドルのボールをバックハンドで打球し、次はBがフォアハンドになり、Aがバックハンドでフォアとミドルに打ち分ける。これをお互いに続けることで、動きながらの打球と切り替えの練習になる。同様の練習をバッククロスで行っても良い

コントロール重視のラリー強化練習

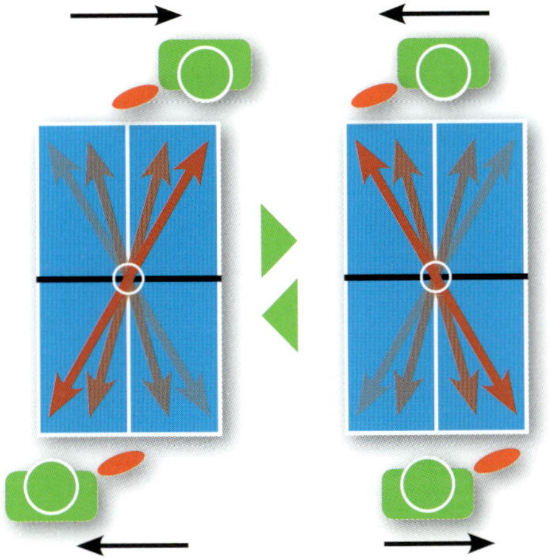

How to Play

フォアクロスでフォアハンドのラリーをしながら、少しずつバック側にコースを変えて、バッククロスでのラリーにし、そこから同様に少しずつフォアクロスに戻ってくる。コースを変える際は、コートの真ん中（白丸）にボールを通すイメージで行う。より細かいコントロールの感覚をつかみ、フットワーク（レッスン8 ／ p.197 〜）の基本作りにもなる。同様にバックハンドでも行う

指導者の方へ

工夫して、飽きのこない練習メニューを作ろう！

ラリー練習は、いろいろある練習の中でも楽しい練習のひとつです。続けることで実力アップが実感できるし、リズムに乗ってラリーを続けるのは、非常に心地良いものです。

しかし、間違ってはいけないのが、ラリー練習はただ「続ける」ことが目標ではないということです。理想としては、お互いに厳しいコースにボールを送りながら、ミスを減らすことなのです。もちろんミスばかりでも練習が楽しくなくなるので、選手のレベルに応じて難易度を設定することが大切です。

ここに紹介した3つの練習法も、基本的なラリーを組み合わせただけで、それほど複雑かつ高度なものではありません。皆さんも、技術、コース、打つ強さ、場所、順番などで工夫をし、様々な練習を考えてください。そうすることで、選手たちが練習に飽《あ》きてくるということも少なくなり、より興味を持って練習に取り組むようになるはずです。

ビギナーはココ大事！

フォアとバックはバランス良く鍛えよう！

卓球ではフォアハンドとバックハンドの両方を上手に使えることが理想です。フォアハンドだけ上手で、バックは全然振れないのでは試合で勝つことはできません。特に指導では、バックよりもフォアを重視する傾向があるので、初心者は、フォアとバックは同じ時間練習するという意識を持ち、偏《かたよ》らないよう注意しましょう。

また、フォアハンドとバックハンドの両方を練習する人でも、それぞれを別々に分けた練習ばかりの人もいます。たとえば、「フォアハンド10分、バックハンド10分、次にフォアドライブ10分、バックドライブ10分」といった感じです。このような練習では、確かに個々の技術は上達していきますが、フォアとバックの連係を上達させることができません。「練習では入るのに、試合になると全然ダメ」と悩んでいる人は、このレッスンで紹介した切り替え練習を増やしてください。

もちろん中級レベルになり、自分の特長を生かすために、フォアが多くなったり、バックが多くなったりするのは、選手の個性として良いことです。まずは総合的に技術を習得していき、その中で個性を発見していくと良いでしょう。

フォアもバックも
均等に鍛えるべし！

フォア・バックの
単独練習は少なくし
「切り替え練習」を増やすべし！

Lesson

6

サービス

サービス

ラリーの第１球となる最も大事なテクニック

ラリーにおける1球目の打球を「サービス」と言います。すべてのラリーはサービスから始まり、「サービスによって試合の勝ち負けが決まる」と言ってもよいほど、非常に重要な技術です。

またサービスは、あらゆる技術の中で唯一相手の影響を受けず、常に自分の思いどおりに出せる技術でもあります。つまり、他の技術と比較すると自由度が高く、様々な工夫を入れることができるというわけです。サービスの練習では、より自由な発想を持って取り組めると良いでしょう。このレッスンの中でも、様々なサービステクニックを紹介するので、ビギナーの人もどんどんチャレンジしてください。様々なサービスに挑戦することで打球感覚も磨かれ、その他の技術の上達にもつながっていきます。

■サービスの基本

サービスはコートに2バウンド！

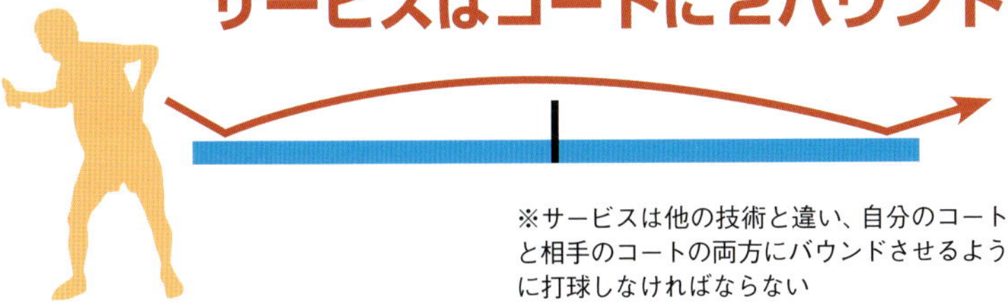

※サービスは他の技術と違い、自分のコートと相手のコートの両方にバウンドさせるように打球しなければならない

サービス力を高める3ステップ

個々のサービステクニックを紹介する前に、初心者が取り組みたいサービス力を高める3ステップを紹介します。

ベースとなるのが、「長短」と「回転」のコントロールです。始めは少し難しく感じますが、これらを最初のうちに鍛えておくことで、あとからレベルの高いサービスも確実に身につけやすくなるのです。

サービスはひとりでもできる練習なので、空いた時間でどんどんやりましょう。

1 HOP

短くコントロールする力を身につける

短く止める下回転！

2 STEP

試合でも有効なブツ切りサービス

長く速い横下回転！

3 JUMP

オモシロ練習で感覚をさらに鋭く

さらに回転量UP！

1 HOP

台上で戻ってくる下回転サービスに挑戦！

まずは短く止めるコントロールを身につける

サービスを習得していくうえで、最初に身につけたいのが「長短」のコントロールです。サービスを出す際に、遠くに長く飛ばしたり、ネットの近くに短く飛ばしたりと、長短の出し分けが実戦では非常に大切です。特に、サービスを短く出すというのは、繊細な打球感覚が必要になるので、【HOP】では短いサービスに取り組みます。

出すのは下回転のサービスで、この課題の目標はずばり「戻ってくるサービス」です。相手のコートに入ってから、ボールが先に行かずに、逆に下回転の影響で戻ってきたら合格です。

最初は、無理にサービスとして出さず、自分のコート上だけでバウンドさせて、ボールを戻ってこさせる練習から始めても良いでしょう。

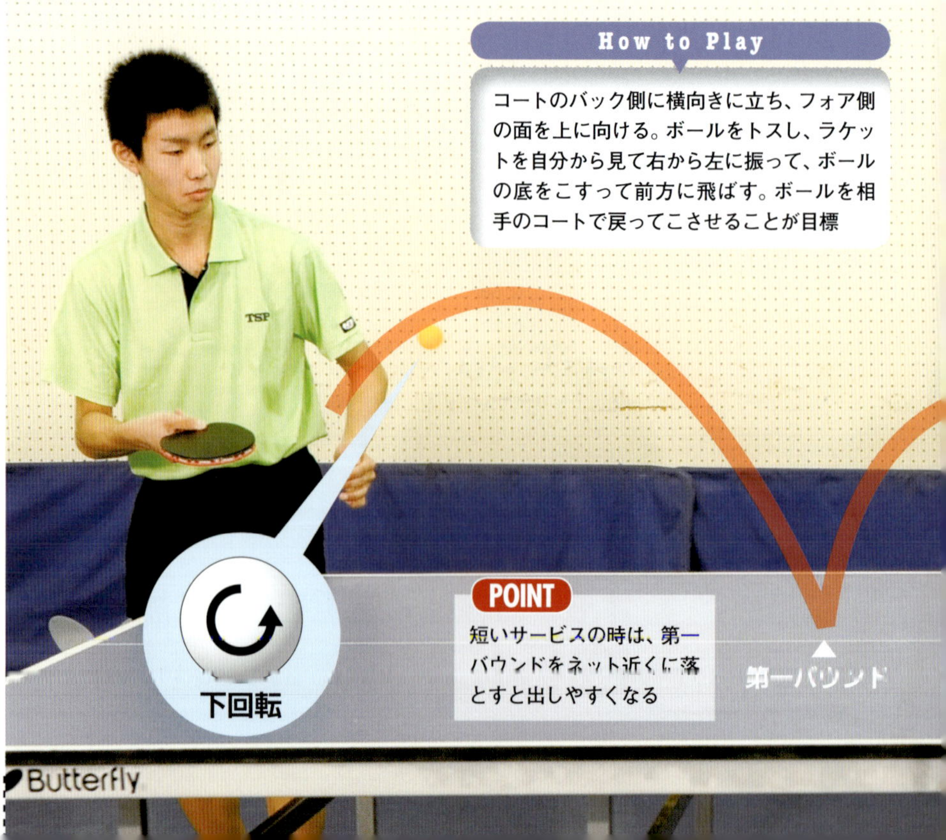

How to Play

コートのバック側に横向きに立ち、フォア側の面を上に向ける。ボールをトスし、ラケットを自分から見て右から左に振って、ボールの底をこすって前方に飛ばす。ボールを相手のコートで戻ってこさせることが目標

POINT

短いサービスの時は、第一バウンドをネット近くに落とすと出しやすくなる

前ではなく、少し上に打つほうがこすりやすい

こすって
上に飛ばす!

うまく下回転がかけられない人は、まずは前方ではなく少し上に飛ばすイメージからスタート。その時、こする位置もボールの真下ではなく、相手側（自分から見て左側）をこすります。これで回転をかける感覚がわかりやすくなるはずです。

またボールをラケットの上で転がすようにして打つと、回転をかけるイメージがわかりやすくなります。

打ったボールが戻ってくる!

目指すはコレ!
Come back!!

指導者の方へ

成果が自分の目で見てわかる

このサービス練習の良さのひとつが、「成果が目で見てわかる」ということです。回転のかかり具合によって、戻る・戻らないという視覚的な違いが明確なので、それを見ながらスイングを調整できるのです。だから指導者が細かく指導しなくても、自然と選手自身が自分で考え、工夫するようになっていきます。遊び感覚で良いので、みんなで競いながら、楽しんで練習をしてください。

2 STEP 長く速いサービスを思い切り出す！

実戦でも役立つ横下サービスで出す

【HOP】で短いサービスを学んだので次は長いサービスに挑戦です。「長い」とは、2バウンド目が相手コートの端（エンドライン）に来るようなサービスです。そして、長いサービスで重要なのが、できる限りスピードのあるボールにするということです。そうすれば自動的に軌道は低くなります。長く、速く、低いサービスの習得が目標です。長いサービスでも回転の種類はいろいろありますが、ここでは「横下回転」（※「横回転」については、p.134 ～ 135参照）という回転で出しましょう（出し方は右ページ）。

長い横下サービスは試合でも非常に効果の高いサービスで、逆に言えば相手が使った場合にレシーブするのが難しいサービスとも言えます。したがって、チーム全体でこのサービスに取り組み、横下サービスに対するレシーブに慣れておくことが大切なのです。

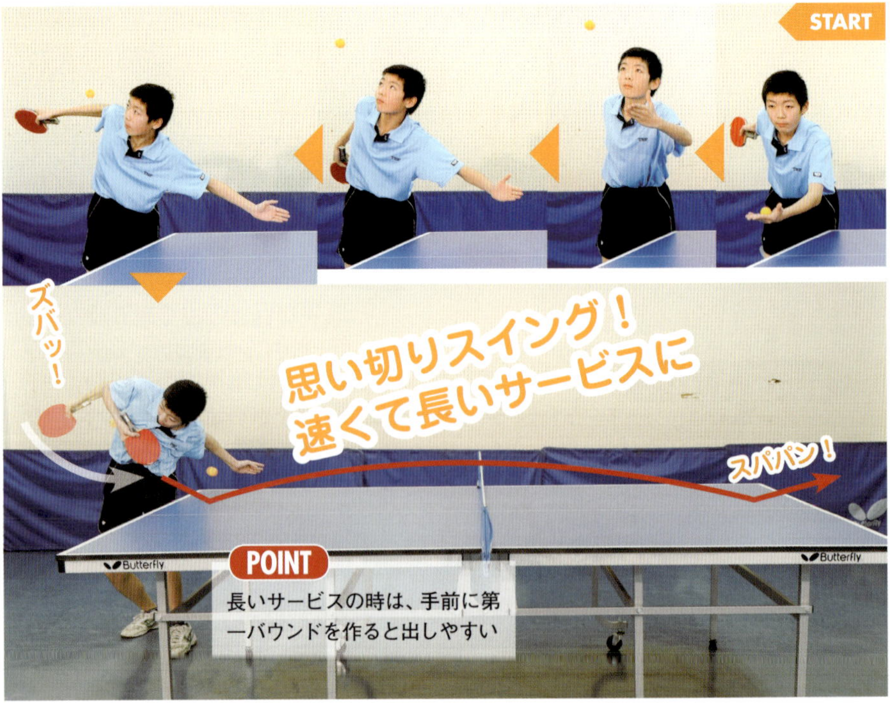
START
ズバッ！
思い切りスイング！
速くて長いサービスに
スパパン！
Butterfly
Butterfly

POINT
長いサービスの時は、手前に第一バウンドを作ると出しやすい

横下回転サービス

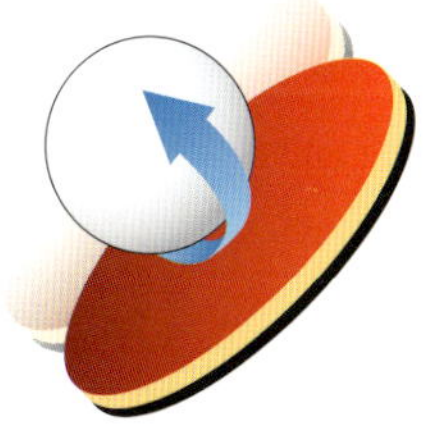

斜め下をとらえる

下回転サービス

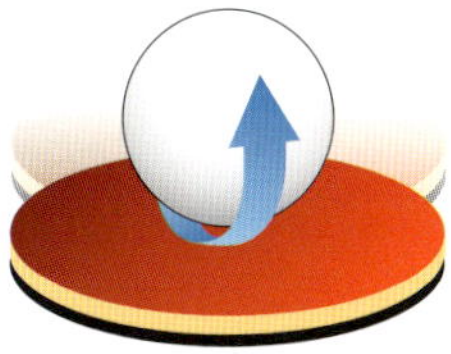

真下をとらえる

力ではなく、こする感覚で回転をかける

下回転サービスはボールのほぼ真下をこすって回転をかけましたが、横下回転サービスでは、ボールの斜め下をこすって打球します。対戦相手から見ると、ボールの右下付近です（上写真参照）。

強く回転をかけるために必要なのは、単純な力ではなく、打球時のチップ感覚（p.48 ～ 49）とタイミングです。スイングでは必要以上に力を入れないようにし、打球ポイントと体の位置関係や、高さなどを変えて、最も速くスイングできる打ち方を自分で探してみましょう。

3 JUMP

ラケット上のボールを転がして回転をかける！

転がす感覚が、回転をかける感覚につながる

【HOP】【STEP】では長短のコントロールを学び、実戦でも役立つ2種類のサービスを身につけました。続いて、【JUMP】では、より強い回転をかけるための練習をしていきます。前述したように、回転をかけるにはラケットの上でボールを転がすイメージが大切。そこで、実際にラケットの上でボールを転がして回転をかける、というのがこの練習法です。この練習を行ってから【HOP】に戻ると、より簡単にボールが戻ってくるはずです。

一見、かなり初歩的な練習に見えますが、【HOP】の前に行うと力んだスイングになりやすいので、ある程度スイングの基本を学んでから取り組むことがポイントです。この方法でボールを戻ってこさせるのはなかなかの難しさなので、ぜひ挑戦してみましょう。

様々なフォームに挑戦しよう！

効くサービスは“わからない”サービス!?

サービスの基本として、長短と回転について学んできましたが、実戦では、ただ回転が強いサービス、ただ速いサービスではなかなか通用しません。実戦で重要となるのが、スイングフォームのわかりにくさです。サービスでは自由自在に様々な回転を作り出せますが、それをいかにして相手に“バレる”ことなく出すかが大切になるのです。

次ページからは、より実戦的なサービスをいくつか紹介していきます。難しく見える技術もありますが、ここまでの基本を学んだ人なら必ずできるようになるので、挑戦してください。そして、さらにオリジナルのサービスの開発もしてみましょう。創造力をふくらませて、楽しみながら練習することがサービスの上達のポイントです。

初心者には最初の関門？

横回転ってナニ？

p.38 ～ 39では、縦方向に回転する上回転と下回転について勉強しました。次は、もうひとつの回転、横回転を学びます。横回転は右回りの右横回転、左回りの左横回転があるので、それぞれの性質をしっかりと覚えましょう。

【上から見た図】

左横回転

上から見て、左回り（反時計回り）に回転するのが「左横回転」。空気抵抗の関係で、左方向に曲がりながら飛ぶ性質がある。

右横回転

上から見て、右回り（時計回り）に回転するのが「右横回転」。左横回転とは逆に、右方向に曲がりながら飛ぶ性質がある。

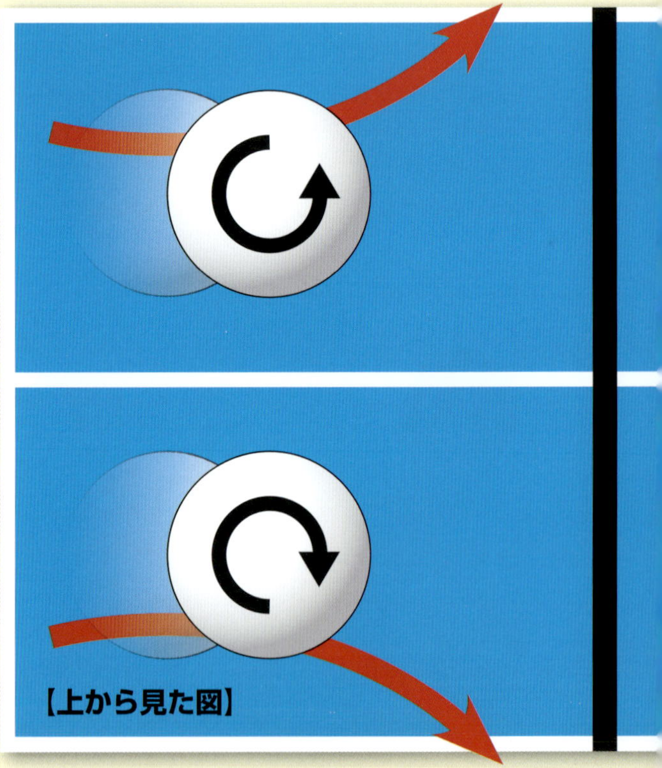

横回転サービスは、ボールの横をとらえて出すのが基本（A）。斜め下をこすれば横下回転（B ／ p.130 ～ 131参照）、ボールの下をこすれば下回転となる

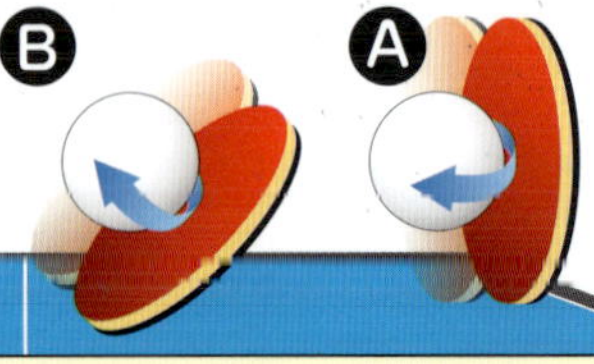

【正面から見た図】

横回転のボールがラケットに当たると……

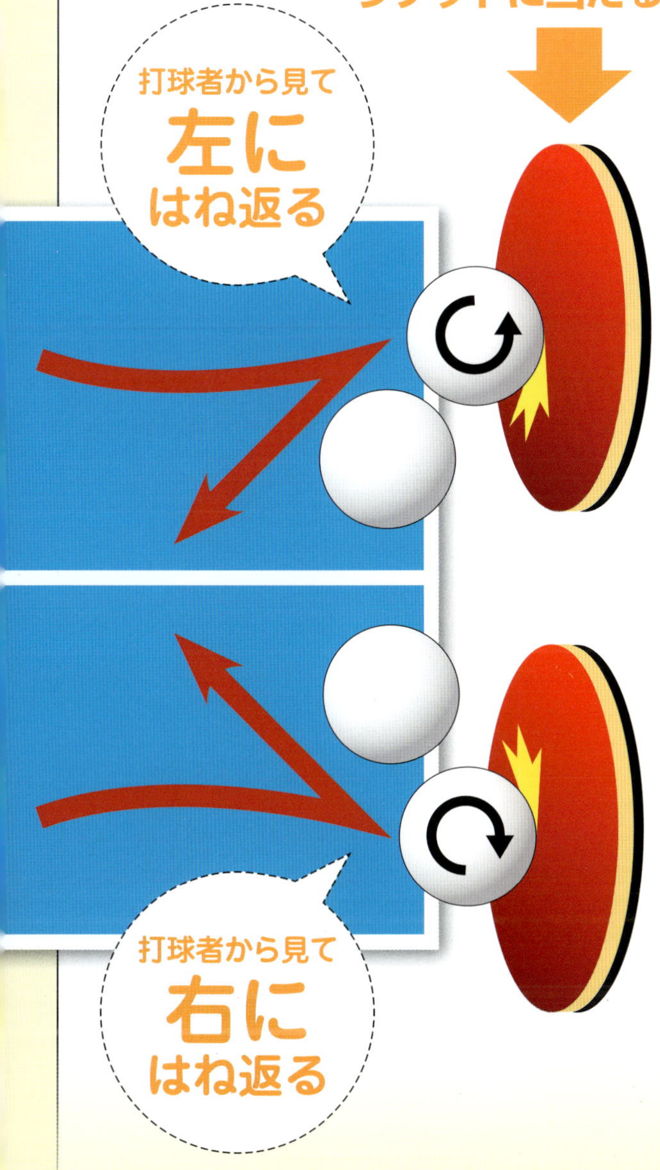

左横回転

左横回転のボールがラケットに当たると、回転の力によって、左方向へはね返る。まっすぐ返したいならば、ラケットを少し右側に向ける。

右横回転

左横回転とは逆に、右横回転は右方向へはね返る。左右の回転を見誤るとまったく逆方向へ飛び、ミスとなるので、注意が必要。

サービスのバリエーション①
森中サービス

ボールの外側をとらえる効果的テクニック

　サービスのバリエーションとして最初に紹介するのは、最近多くのトップ選手が使う、ボールの外側をこすって出すサービスです。「巻き込みサービス」とも呼ばれますが、我が校（※前任校）では、このサービスへの研究心を高めるために、あえて「森中サービス」と名付けています。

　一般的なフォアハンドのサービスは、こする際にボールの手前側（体に近いほう）をとらえ、右横回転系のサービスとなります。それとは逆に外側（体から遠いほう）をこすり、左横回転系で出すのがこのサービスです。一般的なサービスと回転が逆になり、見慣れないフォームということで、非常に効果が高まります。

ロンドン五輪銀メダリストの平野早矢香選手も使うサービス

とらえる位置で回転の変化を生み出せる

森中サービスではボールのどこをとらえるかで、回転の方向を変えて出すことができます。ボールの下側をとらえれば、左横下回転となり（イラストA）、上側をとらえれば左横上回転となります（B）。

さらに途中でスイングを変えることで、どの角度で打ったかわからなくすることができます。最初は、打球面が上を向いたAで振り始めて、打球直前でラケットを回転させてBの角度で打球するのです。また、Aの角度で打球し、打球直後にBの角度に変化させるというのも相手を惑わす良い方法と言えるでしょう。

A 左横下回転

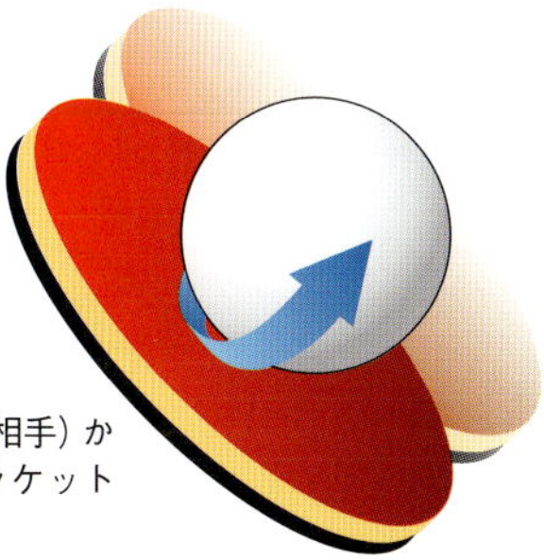

※正面（相手）から見たラケットの角度

B 左横上回転

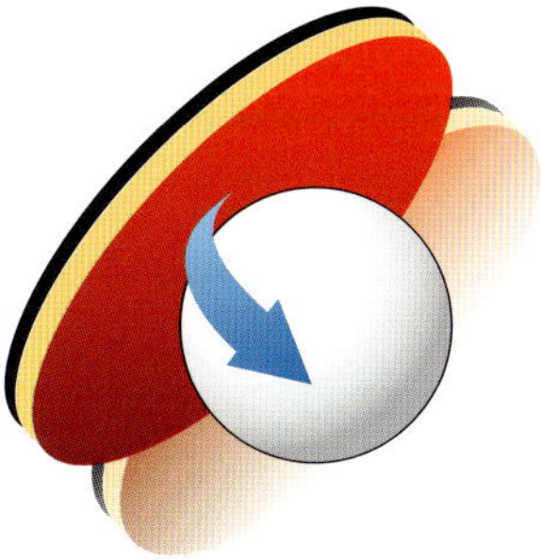

サービスのバリエーション②

しゃがみ込みFH《フォアハンド》サービス

しゃがみ込みで強い回転を生み出そう

次に紹介するのは、しゃがみ込みサービスです。その名のとおり、しゃがみ込みながら打球するのが特徴で、特にシェークハンドの選手がよく使います。しゃがみ込むことで手首の可動範囲が広がり、変化がわかりづらく、より強い回転で様々な回転を作り出すことができます。

どこまでしゃがみ込むかは自由ですが、最初は右写真（松平健太選手）のように完全にしゃがむ込むよりは、下写真のように少し高い体勢から始めたほうが良いでしょう。

しゃがみ込みサービスも様々な回転が出せる

フォアハンドでのしゃがみ込みサービスは、基本的にはボールの外側（打球者から見て右側）をとらえます。

森中サービスと同様に、ボールの下側をとらえて下回転系、上側をとらえて上回転系というように回転を出し分けることができます。下の写真の場合は、ボールのやや下側をとらえ、下方向にスイングしているので、横下回転サービスです。

■ スイングスピードでよりわかりにくく！

様々なサービスに共通して意識したいのが、スイングスピードです。特に初級者はミスが怖くて、ゆっくりスイングしがちですが、勇気を出して速いスイングにチャレンジしてください。スイングスピードが速くなるとサービスの回転量やスピードが増すだけではなく、相手に回転の種類をわかりにくくさせるメリットがあります。ただし、スイングを速くしようとして力《りき》むのはダメ。腕はリラックスし、当てる瞬間にグリップを強く握るイメージで打ちましょう。

Lesson 6_4

サービスのバリエーション③
しゃがみ込みBH《バックハンド》サービス

フォアハンドと組み合わせれば威力倍増

しゃがみ込みサービスはバックハンドでも出すことができます。フォアハンドの時と同じような体勢でトスをして、今度はボールの左側（相手から見て右側）を、バック面でこすります。

実戦では、しゃがみ込みサービスでフォアとバックの両方を混ぜると効果的です。打つ前のフォームをできる限り同じにして、打球直前まで相手にどちらで打つか読ませないようにしましょう。

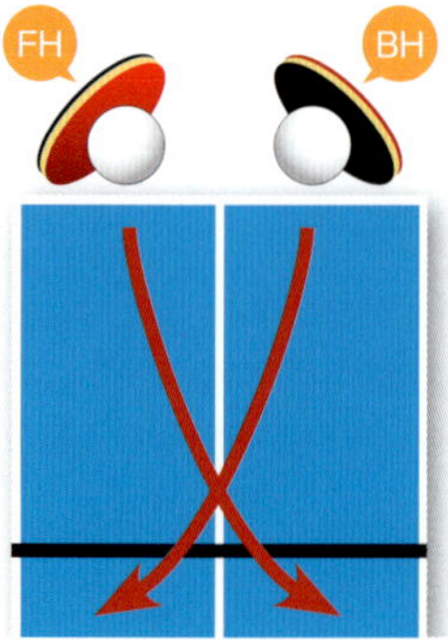

2つの練習でサービス力UP

サービス練習とサービス研究

サービスを上達させるための練習には、目的に応じて2つのタイプがあります。ひとつ目は、試合で使うサービスを繰り返し行い、精度を上げていく、いわゆる「サービス練習」です。プレッシャーのかかる場面でも自信を持って出せるようにするためには、日頃の練習が欠かせません。

そして、もうひとつ見落としがちなのが、新しいサービスの開発を目的とする「サービス研究」です。どんなに良いサービスであっても相手に慣れられたら簡単に返されてしまいます。それを防ぐためには、相手の裏をかくような新しいサービスを常に開発していく意識が大切なのです。上手な選手のマネをしたり、新しいスイングで出してみたり、自由な発想で行います。

「サービス練習」「サービス研究」の両方にバランス良く取り組みましょう。

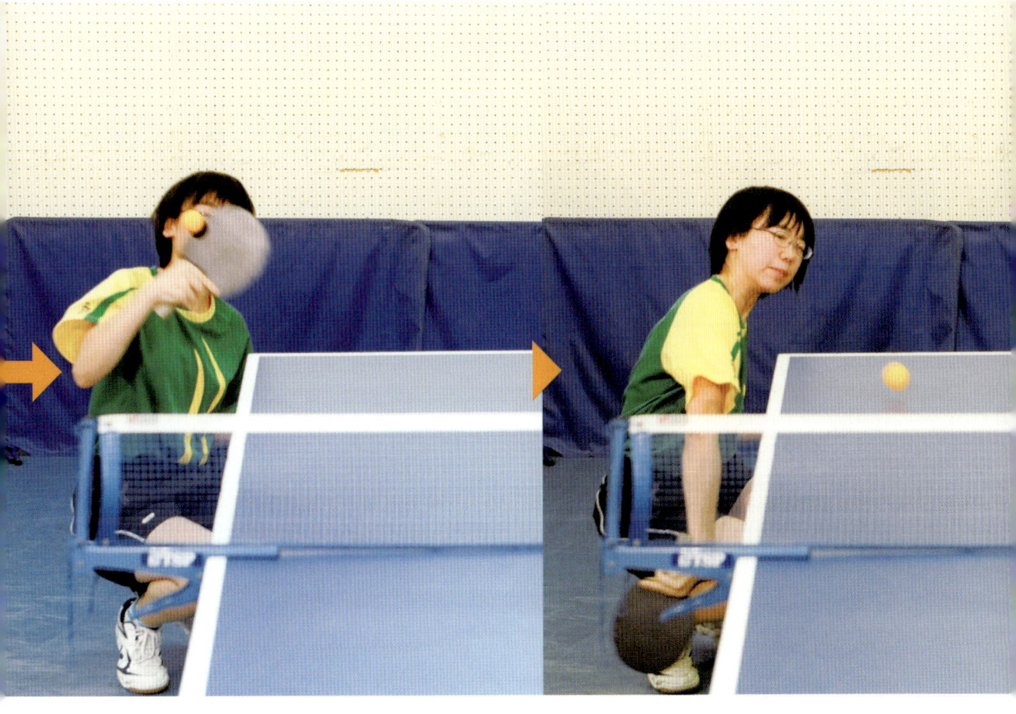

Lesson 6_5

サービスのバリエーション④

バックハンドサービス

出す人が少ないからこそ効果が高いサービス

体の正面でボールをとらえ、バック面で出すサービスがバックハンドサービスです。フォアハンドサービスよりも使う選手が少ないので、使いこなすことができれば、非常に有効なテクニックになります。

下写真のようにバックスイングで上方向にラケットを引き、打球時はラケットを振り下ろしながら最終的には横方向に引くというのがオーソドックスなスイングになります。

日本のバックサービスの名手は藤井寛子選手。回転量が多く、様々な球種を出すことができる

同じスイングで回転の出し分けができる

バックサービスを使う人は、下回転系と上回転系の2つの回転を出せるようにしましょう。出し分けのポイントは、打球時のタイミングです。バックハンドサービスのスイングは一方向に、直線的に動くのではなく、U字を描くように動きます。そのため、スイングの前半、ラケットを振り下ろす時に当てれば下回転系となり、少し当てるタイミングを遅らせて引き上げる時に当てれば上回転系が出せるのです。これを速いスイングで行うことで、よりわかりにくいサービスになります。

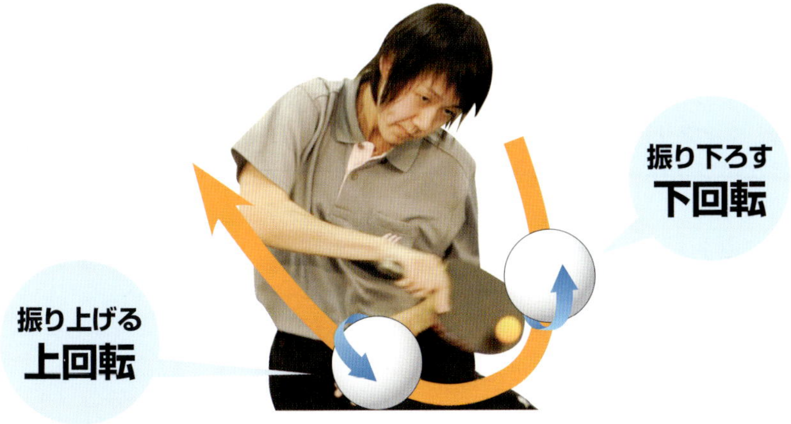

サービスのバリエーション⑤
YGサービス

世界のトップ選手も使う、逆横回転サービス

トップ選手も使う「ヤングジェネレーション（Young Generation）サービス」、通称「YG（ワイジー）サービス」を紹介しましょう。

通常、フォアサービスは体の外側から内側にスイングし、右横回転系のサービスとなります。p.130 ～ 131の横下回転サービスのフォームがその典型例です。それに対し、ラケットを内側から外側にスイングし、逆の左横回転系にするのがこのサービスです。1990年代にヨーロッパの若い選手たちが使ったことが名前の由来と言われており、「逆横サービス」と呼ばれることもあります。通常とは逆方向の回転になることで、相手はレシーブが難しく感じるため非常に効果があり、通常のフォアサービスと混ぜて使うことで、さらに威力を発揮します。

ちなみに、回転の方向は前述した巻き込み型の「森中サービス」と同じで、こちらも「逆横サービス」と呼ばれることがあります。

通常のフォアサービス

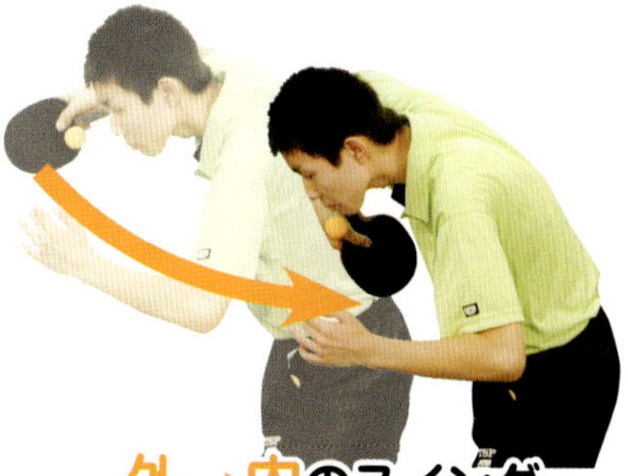

外→内のスイング

逆横のYGサービス

内→外のスイング

バックサービスで始めて、徐々にフォアにずらす

最初は手首で打とうとしないことがポイント。強く振らなくても良いので、まずは前腕で外向きのスイングを作り、確実に当てるところから始めましょう。

うまくいかない人は、フォア面でバックサービスをしてみるのも効果的です。フォア面を前に向けてバックサービスのようなスイングで体の前で打球。そして、徐々に打球位置をフォア側にずらしていくと、YGサービスの形になるのです。

サービスのバリエーション⑥
フェイクモーション

ひと工夫で効果が上がる便利なテクニック

サービスの効果をアップさせる方法として、初級者にも取り組んでほしいのが、相手を惑《まど》わすスイング、「フェイクモーション」を加えるという工夫です。フェイク（ニセの情報）を入れずにただサービスを出すだけでは簡単にレシーブされてしまいますが、フェイクを入れることで、相手の判断に迷いを生じさせ、レシーブを甘くすることができるのです。

フェイクモーションの種類は様々ですが、一般的なのは打球後のスイング（フォロースルー）で、別に動きを加えるという方法です。下にいくつか例を出してみたので、試してください。

フェイクモーションはどのようなサービスにも加えることのできるテクニックであり、決して難しくはないので、現在使っているサービスにひと工夫入れることをオススメします。

打球後にすばやくラケットを下げて台で隠すと、角度がわかりにくくなり、回転が判断しづらい

ラケットを
台の下に隠す

打球後にラケットを回転させて、打球面の向きを変える。下回転を出しても、上回転に見える

打球面を
逆向きに

打球直後にフェイクモーション！

フェイクモーションなし

打球後に逆向きにしてから、さらに逆向きにする二段フェイク。複雑な動きで相手を翻弄（ほんろう）

逆向きの逆向き
二段フェイク

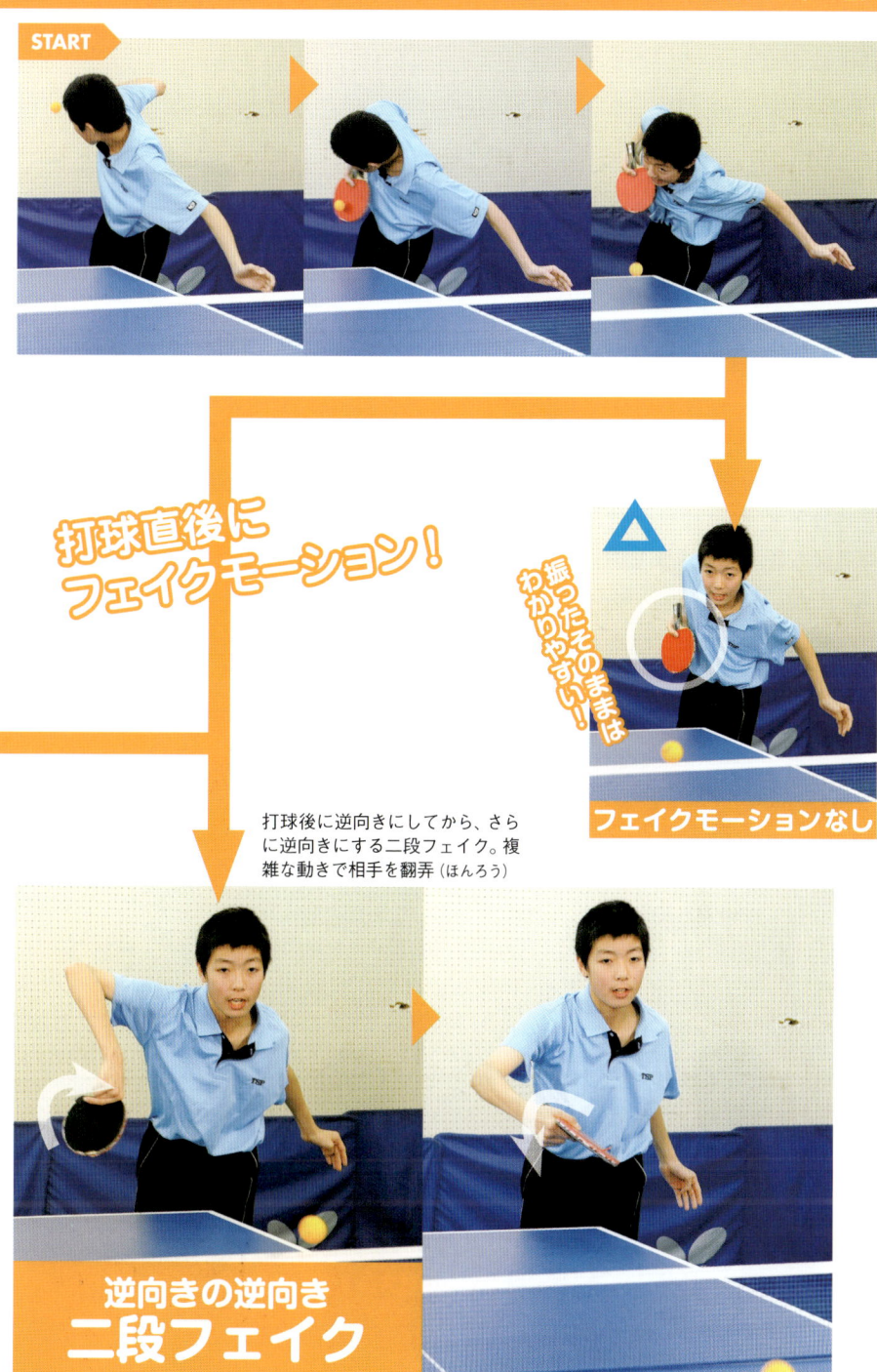

サービスからの3球目攻撃

卓球における最も重要な得点パターン

サービスが出せるようになったら、次に取り組みたいのが「サービスからの3球目攻撃」です。自分がサービスを出して（1球目）、相手がレシーブ（2球目）、その次のボールを攻めることから「3球目攻撃」と呼ばれます。3球目攻撃は、卓球における最も基本的で重要な得点パターンです。サービスを出す際は常に、次の3球目のことを意識していなければなりません。「どのような3球目攻撃をするために、どのようなサービスを出すべきか」、そこまで考えるのがベストです。

初級者の段階では、サービスを出してから3球目攻撃という一連の流れが身についていないので、まずはその流れを“クセ”にするところからスタートします。

写真は丹羽孝希選手の3球目攻撃。丹羽選手はサービスが非常に上手なため、3球目で多くのチャンスを生み出せる

1
HOP

素《す》振《ぶ》りサービスから3球目までの流れを体験

サービスの体勢から攻撃への移行を覚える

これは、初級者が3球目攻撃を覚えていくための初歩練習です。最初は「サービスを打ち終わった体勢から攻撃に移る」という部分にだけ集中したいので、サービスはボールを使わず、素振りでOK。レシーブも多球練習形式で、少し高めの打ちやすいボールを送ります。簡単なレシーブを気持ち良く打って、3球目攻撃に対する苦手意識を作らないことが大切です。

How to Play

練習者はボールを持たずに、サービスの素振りを行い、送球者がレシーブのタイミングで高めのボールを出す。3球目で練習者が強打をする。慣れてきたらレシーブのコースを増やす

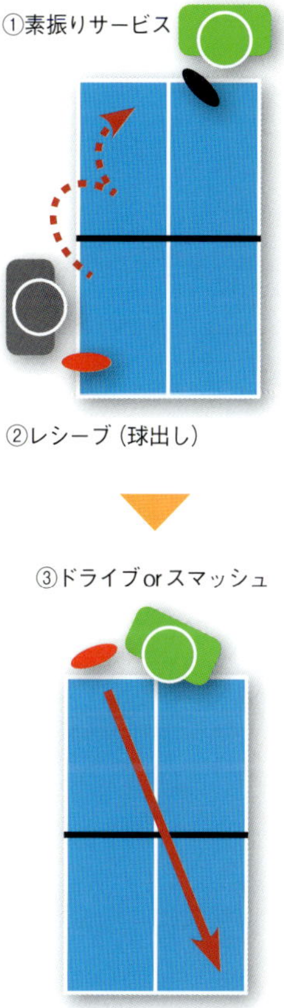

2 STEP 実戦サービスからの3球目攻撃に挑戦！

実戦での打球タイミングに慣れよう

【HOP】でサービスから3球目攻撃の流れを覚えたら、次は実際にサービスを出して、返球されたボールに対する攻撃をやってみましょう。【HOP】ができていれば、これもそれほど難しくはないはずです。

3球目の強打は、とにかく強く打てば良い、というわけではありません。ある程度強く打ちつつも、確実に入れる意識が大切です。

How to Play

練習者がサービスを出し、相手が少し高めのボールでレシーブ。それを練習者が3球目攻撃。慣れてきたら、徐々にレシーブを低く厳しくして、打つコースも増やしていく

3 JUMP さらに実戦モード 5球目攻撃で決める！

油断《ゆだん》は禁物《きんもつ》！ ５球目も確実に打とう

当然ながら、実戦では必ずしも3球目攻撃で決まるわけではありません。4球目で相手に返された場合に、5球目・7球目と連続して攻めていく意識が大切になります。そこで【JUMP】では、【STEP】と同じ形の練習に4球目の球出しを加えて、5球目攻撃まで行います。ここまで来れば、3球目攻撃がクセと呼べるくらいまで、身についているはずです。

How to Play

【STEP】と同じ形で行い、練習者が3球目攻撃をしたら、送球者が球出しで4球目を出し、それを5球目攻撃

NEXT

中級者の3球目には より多彩なレシーブで！

より実戦的なレシーブで3球目を鍛える

前ページまでの3球目攻撃の3ステップは、初級者のためのものです。もう少し選手のレベルが上がってきたら、練習の難易度を上げた3ステップを行いましょう。

基本の練習形式は初級者用の3ステップと同じで、中級者用ではレシーブの幅を広げ、より実戦的にしていきます。ツッツキ、ストップ、フリック、流し（レッスン7で紹介）などの様々なレシーブを、コートの全面に出し、練習者はそれに対し3球目攻撃をしていきます。ただし、練習者のレベルに応じて、レシーブの難しさを調節することを忘れないようにしましょう。送球者側も効果的なレシーブ練習になるので、2人でペアになり、サービス＆3球目攻撃練習、レシーブ練習とそれぞれで上達を図りましょう。

レシーブの種類を増やして難易度をアップ！

3球目攻撃の得点率を上げるには

確実に入れられる範囲で最も速く打つ！

試合では「サービスを出して、何となくラリーに」というのではダメです。サービスの次の打球、つまり3球目でしっかりと攻める意識が大切です。

私の指導において、3球目攻撃で重視しているのが、確実に入れるということ。どんなに強いボールが打てても入らなければ得点にはならないので、「ミスなく入れる」ということを強く意識させます。

ただし、安全に入れるだけのゆるい打球では得点にはなりません。そこで目安、目標として言うのが「確実に入れられる範囲で最も速く」という表現です。これを意識することで、各選手がそれぞれ自分で調整しながら、ベストな3球目攻撃に近づいていきます。

3球目攻撃が確実に入るようになると、相手は簡単に打たれないようにレシーブで無理をするようになり、レシーブミスが増えます。つまり、3球目が安定して入ると、結果的にサービスの効果がアップするのです。

3球目攻撃では、より安定させるために上回転をかけることがポイント。つまりドライブ系の打法にするということです。完全に弾《はじ》いて打つスマッシュでは、安定性が低くなってしまいます。

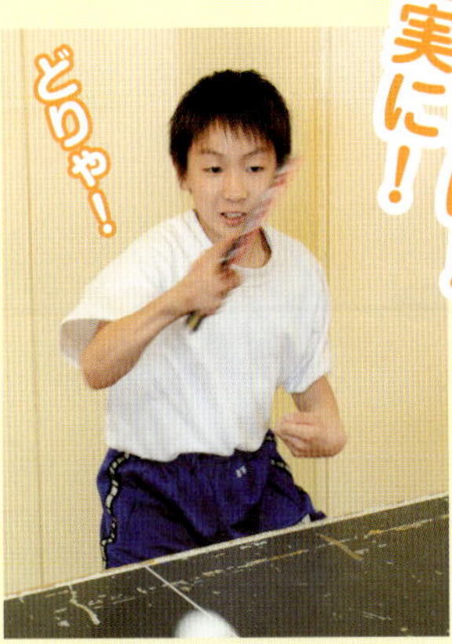

3球目攻撃は
積極的に！
確実に！

初級者に指導する際は、「ドライブスマッシュのイメージ」と言うと、良い打球になります。

また自分が使うサービスの種類を把握《はあく》し、どのようなレシーブが来るのかをあらかじめ考えておくことも大切です。たとえば、ロングサービスを多く使うならば、速いレシーブが来ますし、下回転サービスを使うならば、下回転のレシーブが来るので、それに対応した3球目攻撃の練習をします。下回転に対するドライブが苦手なのに、下回転サービスばかり出してミスを重ねる選手が結構います。サービス＝下回転が基本、という考えにとらわれず、自分に合った攻撃パターンを作り上げていきましょう。

大橋流

サービス上達カンタン練習法

最後に、効果的かつユニークなサービス練習法を紹介！

高さ調節はフェンスの下をくぐらせて上達！

ネットギリギリの低いサービスを出したいという時は、下写真のように台上にフェンスを置き、ネット上にすき間を作って、そこを狙うという練習が効果的です。

すき間にイン！

もちろんフェンスなしでも練習はできますが、このように明確な目標があったほうがうまくできた時の達成感がアップしますし、なにより楽しく練習ができます。ちょっとした練習でも、ひと工夫入れることで“やる気”や“効果”をアップさせることができるので、常識にとらわれず、いろいろとチャレンジしてみましょう。

ロングサービスの練習はネットナシでカンタン！

スピードのあるロングサービスが出せないという人は多いでしょう。速く出そうとするとネットに引っかかったり、オーバーミスしてしまいます。そういう人は、まずはネットを外《はず》した状態から練習をスタートしてみると良いでしょう。これでネットミスの心配はなくなるので、とりあえずオーバーミスにだけ気をつけて、勢い良く出すことができるはずです。これで速く出すロングサービスのイメージをつかんだら、少しずつネットを高くしていく、というように段階的に練習することで、上達も早まるのです。

ネットがなければ
ビビらず出せる！

Lesson

7

TECHNIQUE ON THE TABLE & RECEIVE

JUMP!!!

台上技術
&
レシーブ

STEP!!!

HOP!!!

万能チョビは感覚練習の王様

チョビ、再び！

台上テクニックに入る前にチョビの復習を！

レッスン7では、台上テクニックとレシーブについて学びますが、その前にp.26 ～ 27で学んだ感覚練習「チョビ」の復習をしておきましょう。なぜなら、チョビはすべての台上技術の土台とも言えるテクニックだからです。チョビができるか、できないかで台上技術の習得スピードは大きく変わります！

POINT

時々、場所を交代して、フォアハンドとバックハンドの両方で練習しよう！

Lesson 7_1

ツッツキ

下回転を下回転で返球する台上の基本テクニック

短く飛んでくるボールに対し、台の上で打球する技術を「台上テクニック」と言います。その中でも最も基本となる技術が「ツッツキ」です。

ツッツキは、下回転のボールに対し、打球面を上に向けて、前に押し出すようにして返球します。下回転に対するドライブで、下に落とさないためには打球面を上に向けて打つという考え方を紹介しましたが (p.42 ~ 43)、ツッツキもそのひとつと言えるでしょう。ただし、上回転をかけるドライブに対し、ツッツキはボールの下側をこすり、下回転にして返球します。ドライブと同様に、下回転に対する基本的な技術なので、確実に返球できるようしっかりと練習をしましょう。

フォアハンド

下回転のボールを
下回転で返す「ツッツキ」

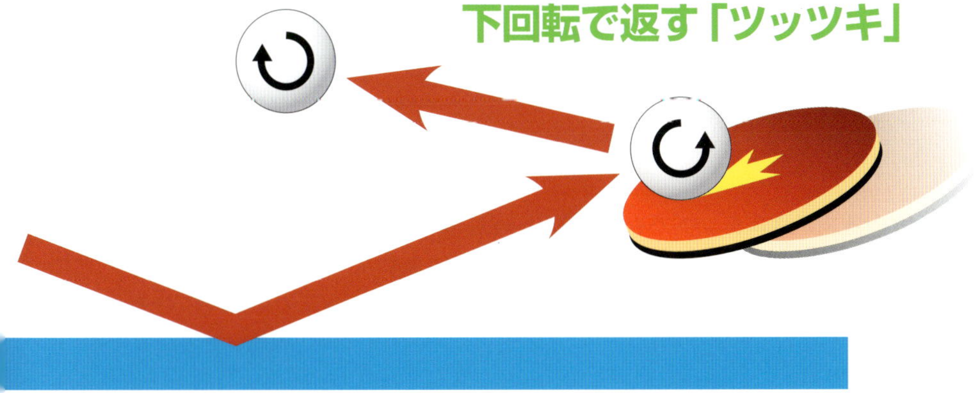

バックハンド

1 HOP ツッツキ的チョビで小さく飛ばす！

下回転をかけつつ、ネットの近くで短く返球

他の技術の3ステップでも、「近いところから始めて、徐々に遠いところから打つ」という原則がありましたが、ツッツキの3ステップも基本的には同じ考え方になります。

【HOP】は、前にも紹介した「チョビ」を行います。感覚練習としてやった時は、ただ小さく返すだけでしたが、ここでは打球面を少し上に向け、軽くボールの下側をこすり、下回転をかけるイメージで飛ばします。

初めのうちは、ボールが高くなっても構いません。小さく飛ばすイメージが大切です。グリップの力を入れず、軽く握って、柔らかくボールをタッチしましょう。慣れてきたら、徐々に打球点を早くし、バウンド直後をとらえられるようにしていきます。

チョビは、ツッツキの【HOP】であると同時に、p.168で解説する「ストップ」にもつながる練習なので、たくさん行ってください。

2 STEP ネットから少し離れて押し出すツッツキ

3 JUMP 実戦の位置で打球 転がす感覚を忘れずに！

少しずつ距離をとって、押し出す力を強くする

チョビで感覚をつかんだら、【STEP】では徐々にネットとの距離をとって、下回転をツッツキしていきます。距離に応じて、押し出す力も強くしていきます。そして、【JUMP】では実戦の位置に立って、打球をします。うまく回転がかけられない人は、サービスの時に学んだ「ラケットの上で転がす」感覚で、ボールの下側をこするようにしてください。

最終的に2人でツッツキを打ち合い、連続10往復ラリーを目指して、やってみましょう。

こんな人はチョビから再スタート！ ツッツキの悪い例

ツッツキのスイングでよくある悪い例を紹介します。ひとつは、打球面が立って上から下に押してしまい、ネットミスが多くなるタイプ（左）。もうひとつは、ボールの下をこする意識が強すぎて、すくい上げるようなスイングになり、ボールが高く浮いてしまうタイプ（右）。これらのようなクセがついてしまっている人は、改めてチョビから始めましょう。

Lesson 7_2

攻撃的ツッツキ

つなぎのテクニックを攻撃的にレベルアップ

　基本のツッツキができるようになったら、さらに進化させた技術に取り組みます。それが「攻撃的ツッツキ」です。

　一般的にはツッツキはミスしないための「つなぎ」の技術ですが、より鋭いスイングで打球することで、攻撃的なテクニックにすることができます。実戦でも非常に役立つオススメの技術です。

　打球面を上に向けて、下回転をかけるという基本はツッツキと同じですが、攻撃的ツッツキではスイングスピードを速くし、前に押し出す力を強くします。ボールのスピードが速くなりますが、一方でミスしやすくなるので、打てるボールかどうかしっかりと見極めることも大切です。

フォアハンド

普通のツッツキ ▶ 山なり
攻撃的ツッツキ ▶ 直線的

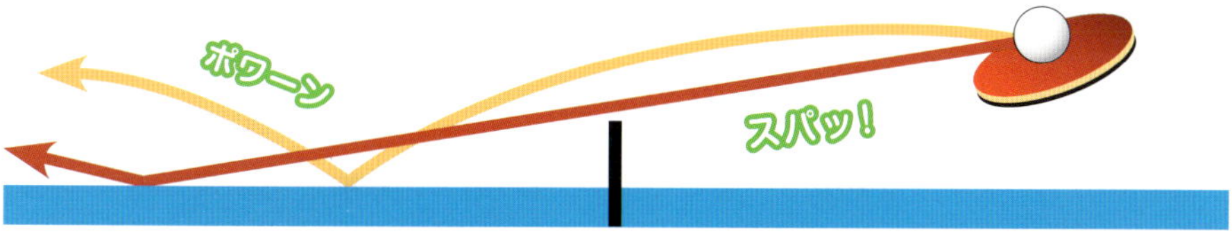

山なりに飛ぶ普通のツッツキに対し、攻撃的ツッツキは直線的に飛ぶのが特徴で、コートの深く（端）に入っていきます。直線的に飛ばすためには、高いところでボールをとらえることがポイント。軌道の頂点でとらえて、上から下へ突き刺すようにして飛ばし、鋭い返球にします。

打球の瞬間の力加減がとても重要なので、最初はいろいろと試して、打球面の角度に合った強さを見つけましょう。

バックハンド

1 HOP

高いボールを下方向へ飛ばそう！

上から下へこすりながら、直線的に押し出す

普通のツッツキは少し浮かせる感じで飛ばすのに対し、攻撃的ツッツキは、上から下へ直線的に飛ばします。まずはその違いをわかりやすくするために、高い下回転ボールを出してもらい、下回転をかけつつ下方向へ飛ばす練習を行います。立ち位置も、最初はネットの近くで行ったほうが感覚がつかみやすいでしょう。

無理して回転をかけようとすると、ボールが浮きやすくなるので、最初は少し回転を加える程度でOKです。打球面の向きを、少し前向きに変えて、上から下へこすりつつ、押し出すようなスイングで打球します。

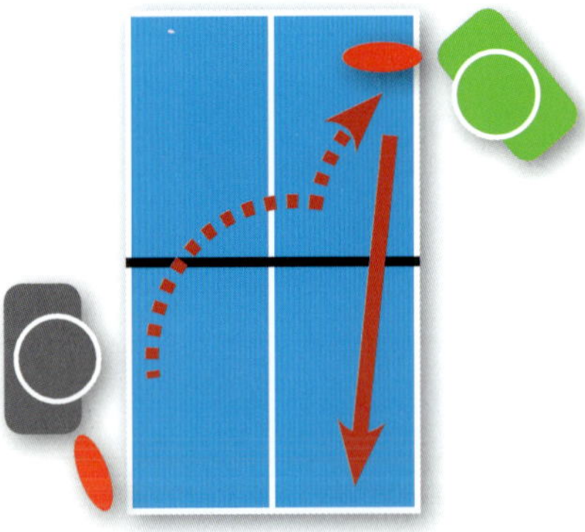

※イラストは、右利きの選手が練習者の場合

START
高い位置で打つ
高いボールに対し
上から下へ
こする！

2 STEP 少し離れて少し低いボールを打つ

徐々に実戦に近い立ち位置、ボールに変えていく

【HOP】ができるようになったら、少しずつ立ち位置を実戦の位置に近づけ、送球者も出すボールも少しずつ低くしていきます。ちゃんと回転がかかっているか確認するために、打ったボールが床に落ちてから戻ってくるかどうか見てみると良いでしょう。

3 JUMP 実戦の位置で低めのボールを打つ

クロス・ストレートの打ち分けにもチャレンジ！

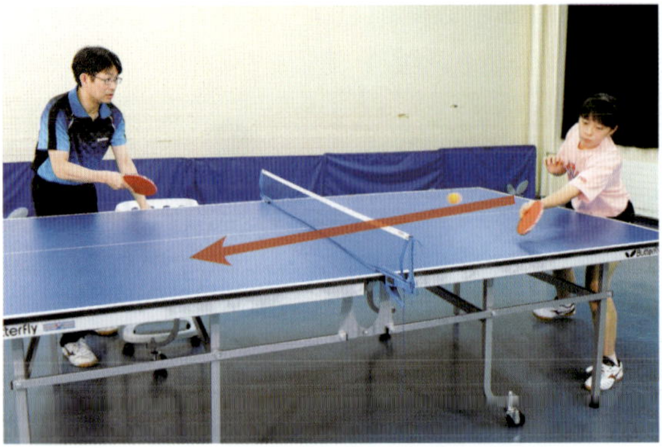

【JUMP】では、実戦の位置に立って、実際のツッツキに近いボールを出してもらい、それを打球します。慣れてきたらクロスやストレートなどコースの打ち分けにもチャレンジしてみましょう。より難しいストレートにも正確に入るようになったら、合格と言えるレベルです。

積極的にツッツキ練習をしよう！

●「ツッツキも攻撃のひとつ」と考えるべし！

ツッツキという技術は、ドライブやスマッシュなどと比べると地味な技術で、試合でもつなぎとして使うことが多く、「積極的に練習することがない」という人も多いでしょう。

しかしながら、ツッツキは非常に重要で、ここでも紹介したような攻撃的な打法も覚えれば十分に得点を狙えるますし、相手の強打を防ぐ技術としても非常に有効です。特に初・中級者では、下回転に対する攻撃を苦手とする人は多いので、そういう相手にツッツキで緩急がつけられれば、自分のチャンスボールはかなり増えます。

これからは「ツッツキも攻撃のひとつ」として考えてみましょう。いつものツッツキ練習が違うように見えてくるはずです。いろいろ試して、試合に強いツッツキマスターを目指してください。

●「ツッツキのみのゲーム」で、技術の幅を広げよう！

ツッツキの強化法のひとつとしてオススメなのが「ツッツキのみのゲーム」です。サービスはすべて下回転系で始めて、ツッツキだけでラリーをします。ただ安全につなぐだけでは得点にはならず、攻撃したり、短く飛ばしたり、コースを突いたりしていく中で、自然と様々なツッツキを試していくようになります。

ツッツキは、早い打球点で打つのが一般的ではありますが、すべて同じタイミングで打球するのは、決して良いとは言えません。あえて打球点を遅くして、その分短く返したり、回転を強くかけたツッツキなどにも挑戦してみましょう。このように多彩な打ち方に挑戦していくことで、ツッツキの向上だけではなく、その他の台上技術のレベルアップにもつながっていくのです。

ストップ

短く止めて、強打を防ぐレシーブの主軸技術

「ストップ」は、短く飛んできたボールを短く返球するテクニックで、下回転のショートサービスに対するレシーブ技術として、試合でも多く使われます。

「短く」の目安としては、相手のコートで2バウンド以上することを目標とします。相手のコートで2バウンドせず、1バウンドで台から出てしまうと、相手に強打される可能性が高くなるからです。ネット際に小さく落とすことで、次球での相手の強打を防ぐのがストップという技術の目的でもあります。

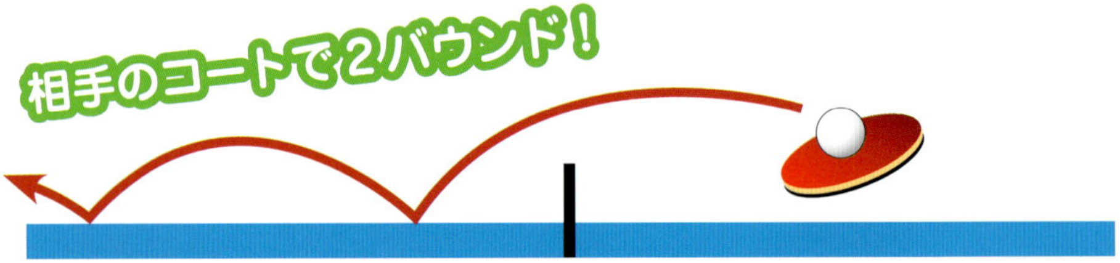

打球点を早くし、第一バウンドをネット際に!

ストップをする際に意識したいのが、打球点の早さです。下のイラストを見てもわかるように、打球点が遅くなると、第一バウンドがネットから遠くなり(B)、2バウンドさせるのが難しくなります。打球点を早くし、第一バウンドをネットの近くに落とすことが(A)、ストップを2バウンド以上させるポイントなのです。

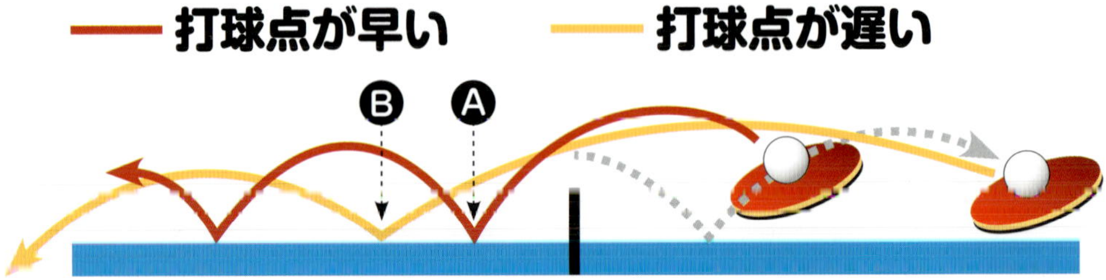

▶ストップの3ステップはp.174から

START

Lesson 7_3

フリック

攻撃的な台上テクニックの基本

「フリック」は台上のボールに対する攻撃的な打法です。基本のフォアハンド・バックハンドを台上で小さく行うイメージでスイングし、前方に飛ばします。若干こすり上げるようにしてボールをとらえ、上回転を加えると安定します。

試合で勝つためには、台上の展開でいかにして先に攻めるかがポイントになってくるので、初級段階から積極的にフリックにも挑戦していきましょう。

台上からでも積極的な攻めを見せる吉村真晴選手のフリック

フォアハンド

▶フリックの３ステップはp.174から

まずは相手コートに確実に入ることを優先しよう

初・中級者の場合、下回転のボールに対するフリックを苦手と感じている人は多いと思います。「フリックは攻撃技術だからある程度強く打たなければならない」と考えているのか、無理に打っていってミスを繰り返すシーンをよく見ます。

そういう人に知ってもらいたいのは、フリックも「確実に入る」という段階からスタートさせるということです。ゆっくりで構いませんし、多少浮いてもOKです。下回転に対し、ボールを落とさずネットを越させる。それができてから、威力を上げていくのです。打ち方も、まずはツッツキの角度から始めて、徐々に打球面を下に向けるようにして、かぶせていきます。これは下回転に対するドライブで学んだ、「まずは面を上に向けて打つ」と共通の考え方です。

どんな攻撃技術も、まずは「確実に入る」ことが重要です。それを踏まえて、p.174からフリックの3ステップを紹介していきます。

バックハンド

Lesson 7_3

流し

コースを突く時に有効な横回転系スイング

「流し」は、ラケットを横方向にスライドさせて、横回転をかけて返球するテクニックです。

横回転のボールは左右に曲がる性質があり（p.134 ～ 135）、これをうまく使うことで相手のコートの両サイドを厳しく突くこともできます。たとえば、打つ人が右利きの場合、フォアハンドの流しは、右から左へのスイングとなり右方向へ曲がる右横回転がかかります（A）。右横回転のボールはバウンドした時に回転の影響でさらに右方向へ曲がるので、右側（相手が右利きの場合はバック側）を狙うことで、コートのサイドをより厳しく突けます。バックハンドの場合は、左右逆となり、左側を狙う時に有効です（B）。

またサービスと同じように横下回転や横上回転などの変化がつけやすく、スイングから相手が打球コースを予測しづらいというメリットも流しにはあります。

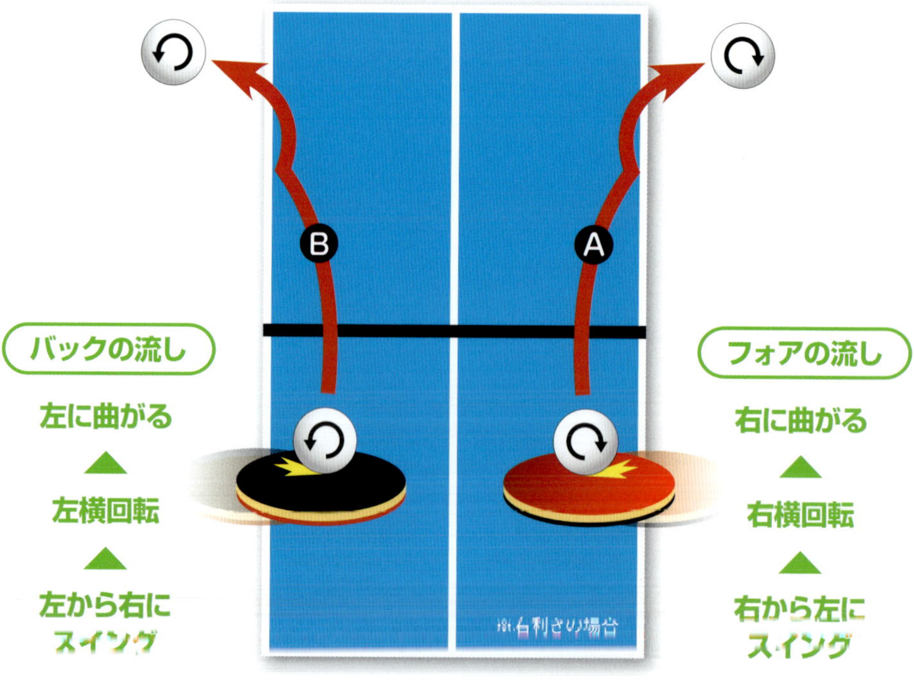

▶流しの３ステップはp.174から

START

1 HOP ストップ・フリック・流しはチョビからスタート！

チョビの延長と考えれば、フリック・流しは簡単

ストップ・フリック・流しは、3つをセットにして、最初の【HOP】を行います。ここでもベースとなるのは、感覚練習として紹介したチョビです。

まずチョビ自体がストップの練習でもありますので、チョビがある程度できるようになったら、ストップの基本はほぼOKです。

フリック＆流しも、チョビからスタートすると、感覚がつかみやすくなります。相手とチョビを2、3球続けてから、同じくらいの力加減で、フリックならば上方向に、流しならば横方向に小さくスイングして前方に飛ばします。最初は打球面の向きも、チョビと大きく変える必要はありません。強く力は加えず、目の前のネットを越すくらいの軽いタッチで打ちましょう。

チョビからの

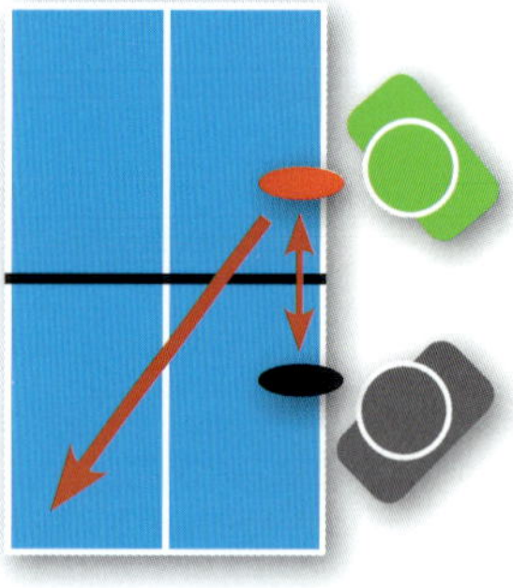

※バックハンドの場合は、逆サイドで同様に行う

チョビ=ストップ

チョビからのフリック

フリック＆流し

チョビからの流し

STEP 2 狙われやすいフォア前で3テクニックを強化

体から遠いフォア前を攻略すれば、全面がOK

【STEP】では、フォア前の短いボールに対して、ストップ・フリック・流しの3つのテクニック（フォアハンド）を強化していきます。

フォア前は、体から遠いため、体勢が崩れたりして打球が難しくなります。逆に言えば、フォア前ができれば、他の位置でも問題なく打てるようになります。また、フォア前は実戦でもよく狙われるコースなので、そういう意味でもこの練習は重要です。

しっかり体全体で近寄らないと、ひじが伸びきって、力が入ってしまい、手首の動かせる範囲も小さくなり、うまく打球できなくなるので注意しましょう。前に出る時に、打球する位置に顔を近づけるイメージがあると、自然とひじが曲がり、打球しやすくなります。

同様にバックハンドでのストップ・フリック・流しは、バック前のボールに対して行います。また、実戦ではバック前をフォアハンドで打つこともあるので、バック前をフォアハンドで打球という練習もやっておきましょう。

How to Play

送球者はネットの近くから、練習者のフォア前に下回転のボールを小さく出す。練習者は、フォアハンドでのストップ・フリック・流しで打球

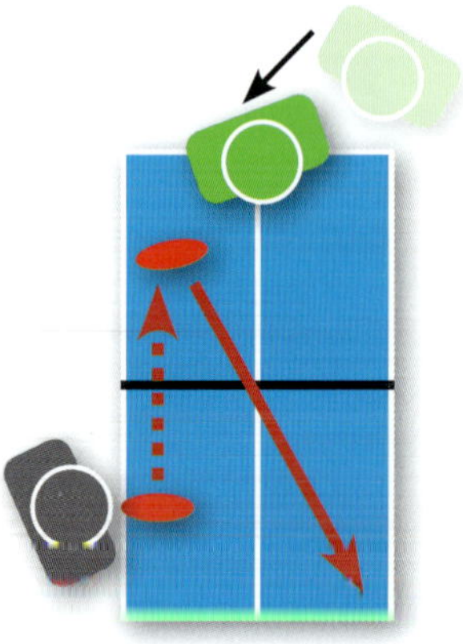

ストップ

フリック

流し

3 JUMP

全面に来るボールを止める！攻める！

全面に挑戦し、最終的には3つの技術を混ぜて行う

一球一球
しっかり戻る！

【STEP】でフォア前のボールを練習したら、【JUMP】では全面にボールを出して、それぞれのテクニックを練習していきます。

ここでのポイントが、一球ずつしっかりと基本の姿勢に戻るということです。前後の動きがある中で、正確に打球できないと実戦で使える技術にはなりません。横着《おうちゃく》せず、戻りを意識して行いましょう。最初は、十分に戻れるテンポで出してもらい、徐々にスピードアップしていきます。

3つのテクニックで、全面に対応できるようになったら、最後はすべての技術を混ぜた練習にもチャレンジしてみましょう。

How to Play

【STEP】と同じ形式で、短いボールを全面に出し、練習者はストップ・フリック・流し、それぞれの技術で返球。最終的には3つの技術を混ぜて行う

一球一球戻る！
全面に短く出す！

ストップ対ストップからの展開を強化

【JUMP】のもうひとつの練習法として、ストップ対ストップからのフリック＆流しをやってみましょう。どちらかが、フリック・流しを仕掛けたら、試合と同じように自由なラリーにします。得点を数えて、試合形式でやるのも良いでしょう。

ストップ対ストップからの展開は、実戦でもよく見られます。この練習を行うことで、台上からの攻めの強化と、台上から攻められた時の対応能力の向上、両方の効果があるので、ぜひやってみましょう。

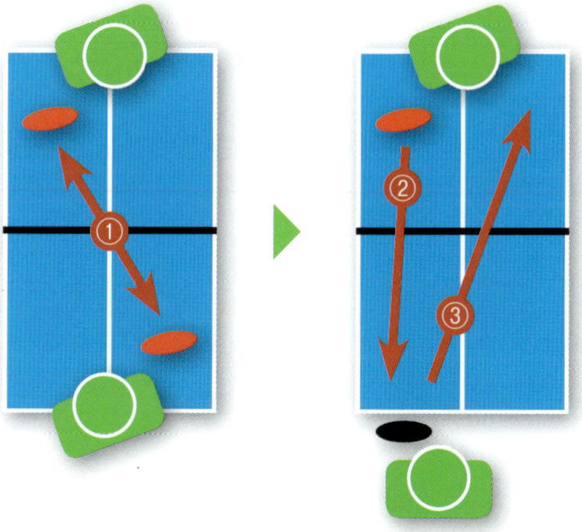

How to Play

短い下回転サービスを出してから、全面でストップ対ストップのラリーを行う（①）。何球か続いたら、どちらかがフリック・流しで打球し（②）、そこからは実戦形式のラリーとなる（③）

NEXT 回転を加えない ナックルレシーブに挑戦

回転量の変化をプラスし、より多彩なレシーブへ

台上で回転をかけて返す3つのテクニックを学んできました。ストップ＝下回転、フリック＝上回転、流し＝横回転と、それぞれ回転の方向も違います。

さらに次の段階で挑戦してほしいのは、あえて回転をかけず無回転（ナックル）で返球するレシーブテクニックです。ナックルの出し方は、シンプルに「こすらない」打ち方にすればOK。できる限りスイングを変えずに、少し前に押し出す力をプラスして、こすらずに前に飛ばします。

このナックルレシーブを、通常の回転をかけたレシーブと混ぜることで、相手はより対応が難しくなるので、レシーブ後の攻撃のチャンスが増えます。

チキータ

横回転をかけて返球する、攻撃的バック技術

「チキータ」とは、ボールに横上回転をかけて返球する台上バックハンドテクニックです。

バックスイングでひじを高く前に突き出すのが特徴で、ひじを支点にして、ひじから先を前方に振っていきます。その時、打球面を正面ではなく、フォア側に向けてボールの左側をこするのがポイント。強く振ろうとして力が入りすぎたり、手首の動きで強引に振ると逆に威力が出ず、ミスも多くなります。腕はリラックスさせ、バックスイングの反動を利用するイメージで軽くスイングしましょう。

チキータの特長のひとつが、下回転のボールでも比較的持ち上げやすい（ネットミスしにくい）ということです（理由は下記）。対下回転のフリックが苦手という人は、チキータにも挑戦してみましょう。

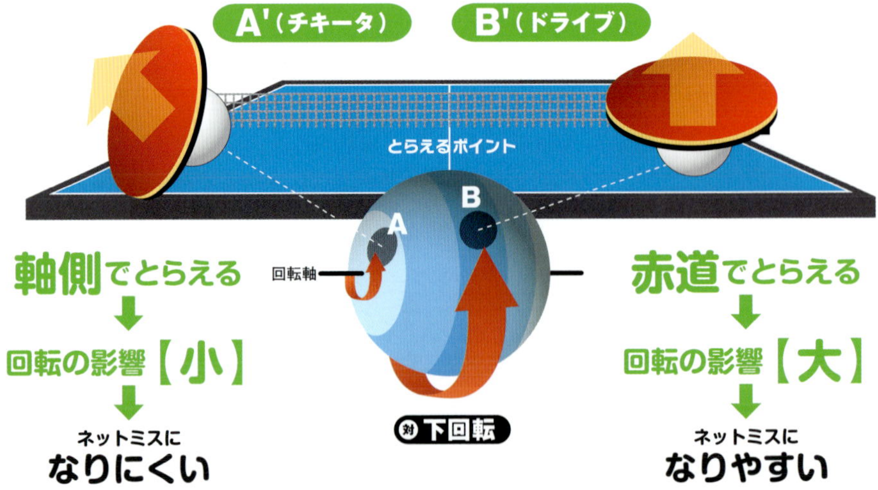

回転するボールは、どこをとらえるかで回転の影響が異なる。回転軸から最も遠い位置（ボールを地球に見立てた場合の赤道）は影響が最も強く（速く回転／B）、逆に軸の近く（地球でいう北極・南極）は影響が小さい（ゆっくりと回転／A）。下回転に対する打球で考えた場合、ボールの真上・真下・真後ろは赤道上にあたるので下に落ちる力が強く働く（B'）。一方、ボールの横側を打球する時は下に落ちる力は小さくなり、自分が思ったとおりの回転にしやすい（A'）。この性質を利用し、ボールの横をとらえて打球する技術のひとつが「チキータ」である。

START

1 HOP

チキータのスタートもネットの近くから

まずは横をとらえてこする感覚を覚える

他の技術と同様にチキータでもネットの近くの打球からスタートします。まずはボールの横をとらえることを重視して、軽く回転をかけるだけでOK。ボールが落ちてしまう場合は、ボールのななめ下をとらえるイメージで打つと良いでしょう。

How to Play

練習者は、フォア側の台の横に立ち、送球者が出した短い下回転ボールをチキータで打球する

2 STEP 落ちてくるボールをしっかりこする！

バックドライブのイメージで、山なりに飛ばす

続いては、回転をかける感覚をよりわかりやすくするために、前後の動きのない真下に落ちてくるボールに対して、回転をかけていきます。

バックハンドでのドライブと同じイメージで、前に飛ばすというより、こすって山なりに飛ばす感じで打ちます。この練習で、だいたいの打球のタイミングがつかめるようになっていきます。

How to Play

練習者は実戦での打球位置（バックサイド）に立ち、送球者は練習者の前にボールを落とす。バウンドして落ちてくるボールをチキータで打球する

3 JUMP 回転を意識しながら実戦のボールを打つ

スピードよりもスピンを重視する

最後の【JUMP】では、実際のショートサービスに近い、短い下回転ボールを出して、それを打球していきます。

速く飛ばす必要はありません。それよりもしっかりとこすり、回転がかかったかどうかを確認しながら打ちましょう。

また短いボールに対しては、しっかりと体を近づけることも大切です。チキータの場合は、ラケットを持っている側の足、つまり右利きならば右足を踏み出して打球します。

NEXT

さらに攻撃的な台上BDにチャレンジ！

ボールの上をとらえて前方に振り抜く

横回転を加えるチキータに対し、上回転を強くかけて返球する台上バックハンドテクニックが、「台上バックドライブ(BD)」です。チキータができるようになったら、こちらにも挑戦しましょう。

台上BDは、ボールの横をとらえるチキータと違い、ボールの上をこすり上げます。バックスイング時のひじの位置も、チキータほどは高くは上げません。

チキータに比べてスピードを重視する、より攻撃的なテクニックですが、ある程度のスイングスピードがないとネットミスしてしまうため、ややハイレベルな技術と言えます。

レシーブ

サービスの見極めが重要な、ラリーの２球目技術

「レシーブ」とは、相手のサービスに対する返球のことで、サービスと同様に非常に重要なテクニックです。

対戦相手は、あらゆるテクニックを駆使してサービスを出してきます。回転の種類、打つコース、フォームなども様々です。レシーブでは、ただボールにラケットを当てるだけではなく、球種を正確に判断し、的確な打法で返球しなければなりません。レシーブが他の技術と違うところは、「見極め」の能力が非常に大切だという点です。ただし、この能力の向上には実戦での経験が必要であり、なかなか簡単に身につくものではありません。

この項目では、まずは初級者に役立つ簡単なレシーブ法、ボールの見極め法を紹介していき、その後に見極める能力を効率的に高めるための少しユニークな練習法も紹介します。

最初はうまく返球できず、難しく感じることもあるかもしれませんが、必ずうまくなりますので、うまくいかないことも含めて楽しみながら練習を繰り返してほしいと思います。

POINT ツッツキ＆真ん中狙いでまずは確実に返球しよう

浮いても良いからツッツキで確実に返す

初級者にとって、相手のサービスの球種を見極めたうえで正確に返球するというのは非常に難しいことです。

そこでレシーブの最初の段階は、まずは「確実に相手のコートに入れる」ということを重視します。浮いても良いから、とにかく返球する。その際、使う技術はツッツキです。相手の回転がわからない時はとりあえずツッツキでOK。そして、確実性をアップさせるために、相手のコートの真ん中を狙います。相手のコートに入れることさえできればそのレシーブを基準として、左右や高さ、長さのズレを修正し、理想的なレシーブに近づけていくのです。

指導者の方へ

まずは確実性を身につけてから新しい技術にチャレンジ

レシーブに限らず、すべての技術に言えることですが、「確実性」と「思い切りの良さ」のバランスは非常に難しい問題で、私も長い指導経験の中でいろいろな紆余曲折《うよきょくせつ》がありました。

「思い切りの良さ」を重視した時代は、結局ミスばかり増えて点になりづらかったし、「確実性」を重視した時は、安全な技術ばかりになって決定打がなくなってしまいました。この2つを両立させることが目指すべき方向であることは間違いありませんが、やはり現実は簡単ではありません。

長い経験の末に、現在の私の指導では、まず最初に確実に入れるということを選手に意識付けさせてから、よりレベルの高い技術、リスクのある技術に取り組むようにしています。まず「確実に入る」という土台を作っておき、選手が安心感を持った状態で、新しいことにチャレンジしたほうが、精神的にも取り組みやすいと感じたからです。

レシーブにおいても、まずは浮いても良いのでツッツキでコートの中央に入れられるようにします。「とりあえず入れる」技術を身につけてから、それをベースにして、より低い返球に調整したり、フリックなどの新しい技術にチャレンジしていくのです。

ただし、相手が下回転ではないロングサービスを出してきた時は、ツッツキではなく、ドライブ系の打法でレシーブする

POINT

ラケットの動きの逆を狙えば見極めも簡単！

「とりあえずの逆狙い」で、ミスの回避率はアップ

レシーブで相手のサービスのスイング＆回転を見極めると言っても、何をどう見れば良いのか初級者にはわからないと思います。そこで簡単にできる見極めのコツを教えましょう。

見るのはただひとつ、「サービスを出す時に相手のラケットがどの方向に動いたか」だけです。そして、「ラケットの動きの反対側を狙う」ことでレシーブの入る確率はアップします。たとえば、ラケットが右に動いたら、左側を狙う、という具合です（右イラスト上）。なぜ逆を狙うかを同じ例で説明すると、「右に動いた→右横回転系サービス→当たると右に飛ぶ→左を狙う」ということです。うまく理解できない人は、p.134～135で横回転の性質を復習しましょう。ちなみに上・下回転も同様です。「下にスイング→下回転サービス→当たると下に落ちる→上を狙う」ということで、落ちないようにドライブしたり、ツッツキしたりするわけです。

サービスには様々なフォームがありますが、基本的には打球時のラケットの動きをよく見れば、見極めるのは難しくはないはずです。

例：横回転系サービスの場合

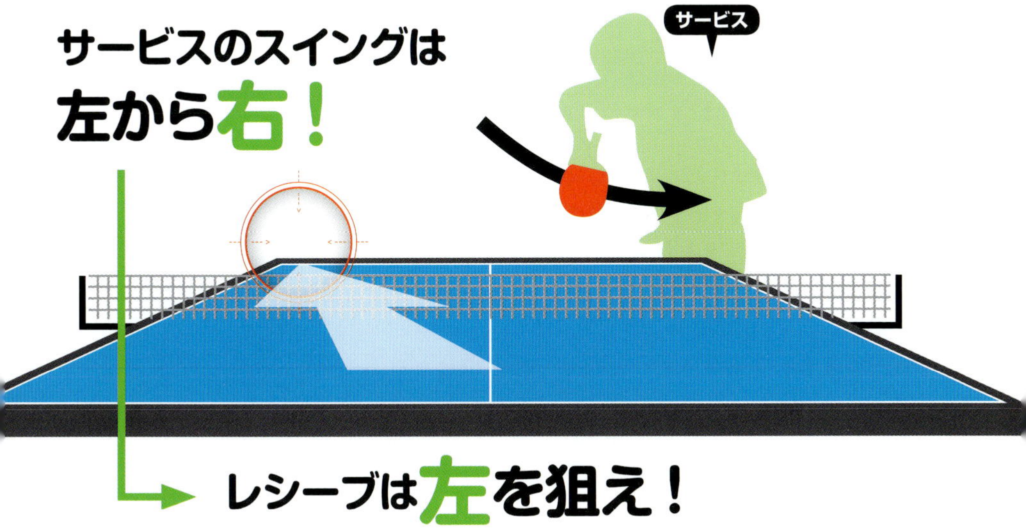
サービス
サービスのスイングは
左から右！
レシーブは左を狙え！

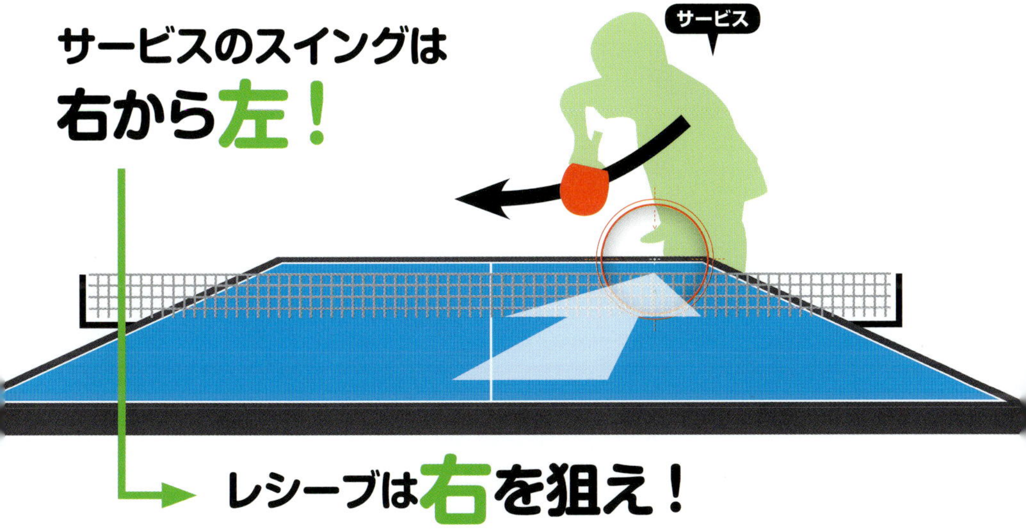
サービス
サービスのスイングは
右から左！
レシーブは右を狙え！

レシーブのオススメ練習法①
「2対1」レシーブ

同時に2人のサービスを受けて、判断力アップ

　これは、2名のサーバーに対してレシーブを行うという練習です。1対1で行う通常のレシーブ練習よりも、多様なサービスをより少ない時間で判断しなければならないので、レシーブでの判断力が格段にアップします。

　サービスを出す選手にとってはサービス練習となるので、一度に3人が練習できるというメリットもあります。人数が奇数になった時などは、ぜひこの練習を試してみましょう。また、サービスを出す2人は、なるべく違ったタイプのサービスを出す選手を組み合わせたほうが、レシーブ側の効果がアップします。

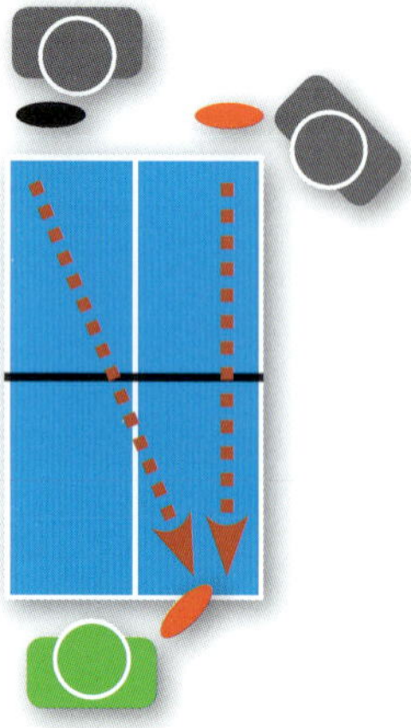

How to Play

2名の選手が交互に様々なサービスを出し、練習者がレシーブを行う。最初はサービスを出すコースを決めて行い、慣れたら全面をレシーブする

レシーブのオススメ練習法②

「ブラインド」レシーブ

見えないサービスの球種を見極める

　レシーブで相手のサービスの球種を見極める力を鍛えるユニークな練習法がこの「ブラインド」です。サーバーの動きが見えない状況を作り出して、これでレシーブを行うのです。当然ながら、相手が見えないのでレシーブが難しくなりますが、慣れてくると飛んでくるボールの軌道や、ボールのマークの回転などから少しずつ判断できるようになってきます。

　また、この練習の後に普通の状態でレシーブをするととても簡単に感じるようになります。難易度の高い練習を経験することで、精神的な余裕が生まれ、通常のレシーブでも自信を持って打球できるのです。

How to Play

台の中央にフェンスを置き、フェンスカバーをずらして、20cm程度ネットとのすき間を空ける。その状態で相手がサービスを出し、練習者は相手のフォームが見えない状態でレシーブを行う

サービスを出す側にとっても、低くコントロールする練習（p.154）になるので一石二鳥。すき間の広さを調節することで、レベルに合わせた練習になる

レシーブからの4球目攻撃

安全に返すだけではなく、4球目で攻める意識を

初級者の場合、レシーブはとにかくミスなく返すことに集中しすぎて、レシーブ後の展開が頭にないということが多くあります。サービスの後に3球目攻撃を仕掛けるように、レシーブの後は4球目攻撃で自分から攻めていくという姿勢を持ちましょう。しかも、4球目を意識することで、「必ずレシーブを入れる」というイメージができあがり、その結果、レシーブのレベルアップにもつながります。

まずは、サービスと同じように4球目への流れを覚えて、それから徐々に実戦的な形に近づけていきます。

巧みなレシーブで相手の攻撃を防ぎ、4球目攻撃を仕掛ける石川佳純選手

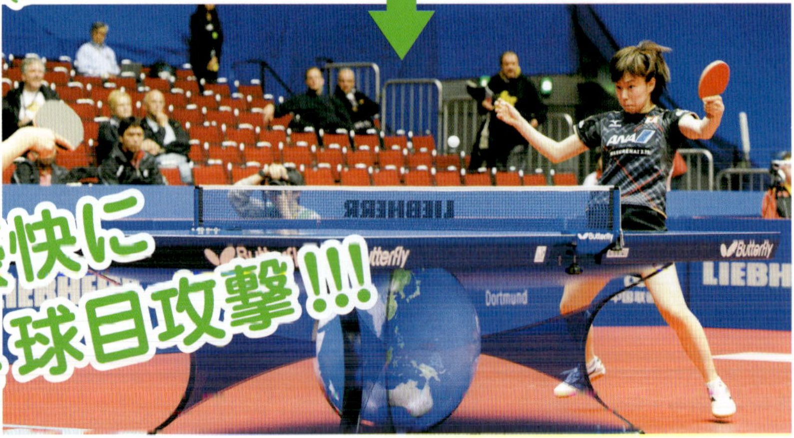

1 HOP

素振りレシーブから4球目までの流れを体験

レシーブの体勢から攻撃へ移る動きを確認する

4球目攻撃の3ステップは、p.149 ～ 151で紹介したサービスからの3球目攻撃と同じ流れになります。【HOP】では、サービス・レシーブともに素振りで行い、高めの3球目に対し攻撃を行います。ここでは流れを覚えることが目的なので、最初のサービス・レシーブでムダなミスをなくすために素振りにするのです。素振りでのレシーブは実際の打球と同じタイミングで行うことが大切です。

How to Play

相手がサービスの素振りを行い、実戦と同じタイミングで練習者が素振りでのレシーブ。次に相手が高めのボールを出して、練習者が強打。サービスのスイング（回転）に合わせて、レシーブの素振りを変えるとより良い

②素振りレシーブ

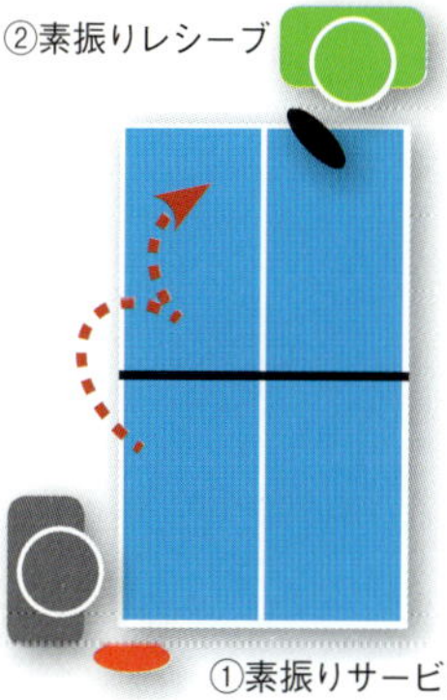

①素振りサービス
③3球目（球出し）

④ドライブorスマッシュ

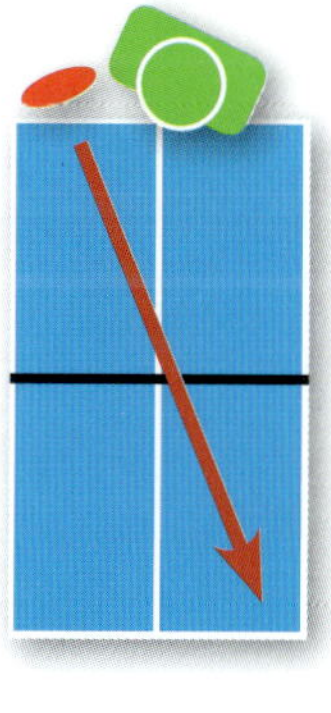

STEP 2 実戦レシーブからの４球目攻撃に挑戦！

実戦での打球タイミングに慣れよう

【HOP】で４球目までの流れを覚えたら、次は実際にサービスとレシーブも行ったうえで４球目攻撃を行います。

ここでもムダなレシーブミスをなくすため、サービスを出す人が球種を言ってからサービスを出す、というひと工夫を加えます。これでレシーブミスが減って、効率の良い練習になるはずです。

How to Play

相手が一球一球、サービスの球種を声に出してサービスをして、練習者がそれをレシーブ。高めのボールで３球目を返し、練習者が４球目攻撃を行う

3 JUMP ストップレシーブからの4球目攻撃を鍛える

より実戦に近い形で台上からの展開を強化

実戦では、相手の短いサービスをストップレシーブしてからの展開が重要になるので、【JUMP】ではストップを打ってからの4球目攻撃を練習していきます。

サービス側は練習者のストップレシーブに対し、3球目でツッツキやフリックなど様々な打法を使います。サービス側にとっても、台上での3球目の練習になりますので、実戦に近い意識で練習を行いましょう。

How to Play

相手が短い下回転サービスを出し、練習者がストップレシーブ。相手は3球目で自由に返球し、それに対し4球目攻撃を仕掛ける

レシーブ力を高める二カ条

●多種多様なサービスをどんどん経験するべし！

●自分のサービスをガンガン鍛えるべし！

レシーブテクニック＆練習法を学んだあとは、レシーブを上達させるためのポイントを紹介しましょう。

レシーブを上達させるには、まずは様々なサービスに対するレシーブを早いうちに経験しておくことが大切です。1種類のサービスに対し、繰り返しレシーブするだけではなく、上手《じょうず》な人のサービスをできる限りたくさん受けておくのです。この時点では返球できなくてもOK。たくさんのミスが、大きな経験となって、後々《のちのち》の上達につながっていくのです。

レシーブ上達のもうひとつのポイントは、「サービス力の向上」です。一般的に、自分が出せるサービスのレシーブは簡単に感じます。なぜならばどんな回転なのか、仕組みがわかっているからです。つまり、様々なサービスが出せる人は、それだけ多くのレシーブができるということ。「サービス名人は、レシーブ名人」なのです。

多種多様なサービスに対応しなければならないレシーブには、うまく返せる簡単な“コツ”というものはなく、「経験」「慣れ」がどうしても必要になります。しかし、意識的に「経験」の量を増やすことは決して難しくはありません。経験を積めば確実にサービスを見極める力はアップしますので、苦手意識は持たずにたくさんチャレンジすることが大切です。

効果的なレシーブ練習をたくさん行い、経験を積めば、必ずレシーブは上達します！

Lesson

8

FOOTWORK

フットワーク

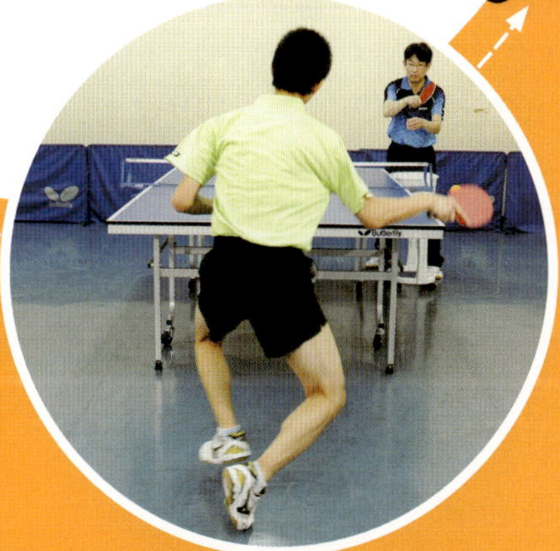

左右のフットワーク

横方向に動く基本的なフットワーク

卓球は常に止まった状態でボールを打ち返すスポーツではありません。飛んでくるボールに合わせて、前後左右に動きながら、打球する能力が必要になります。それが「フットワーク」です。

まず最初は、最も重要で、試合でも多く使われる「左右のフットワーク」からスタートしていきましょう。卓球の場合は、基本的に体を正面に向けながら動くので、左右のフットワークはいわゆる「反復横《はんぷくよこ》跳《と》び」に似た動きになります。「速いカニ歩き」と言っても良いでしょう。常に体を正面に向けておくことで、相手を見て、安定した打球が可能になります。

ただし、最初は足の動かし方は気にしなくてOKです。「ボールに近づく」というイメージから始め、徐々に動きに慣れていきましょう。

■「動いて打つ」フットワーク練習にチャレンジ！

卓球には、いわゆる「フットワーク練習」というものがあります。基本的なフォア対フォアのような、その場で止まったまま打つ練習ではなく、練習者が前後左右に動きながら打球する練習です。たとえば、p.109 ～ 110で紹介した切り替えの練習も、左右の動きをともなうので、フットワーク練習のひとつとも言えます。ここに最も基本的なフットワーク練習を紹介するので、3ステップでフットワークの動きを覚えたら、基本練習のひとつとしてチャレンジしてみましょう。

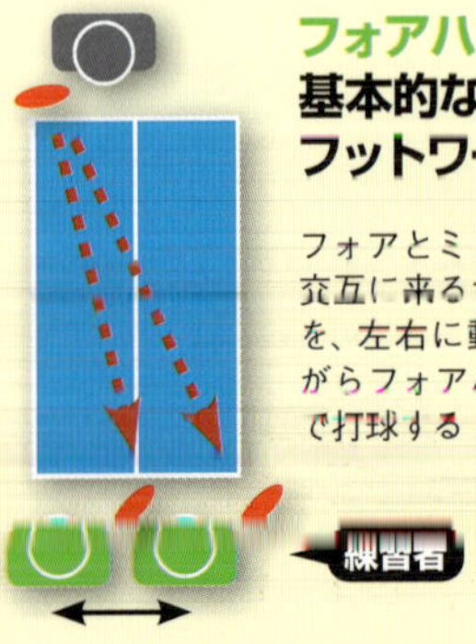

フォアハンドの基本的なフットワーク練習

フォアとミドルに交互に来るボールを、左右に動きながらフォアハンドで打球する

バックハンドの基本的なフットワーク練習

バックとミドルに交互に来るボールを、左右に動きながらバックハンドで打球する

1 HOP おなかでボールに近づく キャッチ＆ゴー！

おなかに当てることで、体から近づく感覚をつかむ

最初から「動いて打球する」というのは難しいので、左右のフットワークの【HOP】ではラケットを使わず、おなかでボールをキャッチする「キャッチ＆ゴー」という練習を行います。おなかに当てることで、自然と横方向への動きになり、体全体でボールに近づく動きを簡単に身につけることができます。

もし、おなかではなく、手でキャッチする練習にすると、どうしても腕の曲げ伸ばしを使ってしまい、体の移動がおろそかになります。手（ラケット）ではなく、体を近づけることが大切なのです。

How to Play

練習者はラケットを持たないでコートに立つ。送球者がボールを全面に出して、練習者は動いておなかで受ける。最初はフォア側・バック側交互など規則的に行い、慣れてきたら不規則的に、全面に出す

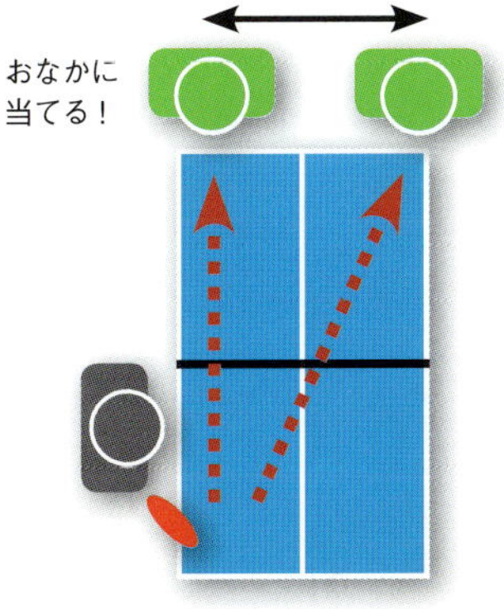

STEP 2 逆サイドをタッチする タッチ＆アタック！

一球一球動く感覚を身につけていく

【HOP】で体をボールに近づける感覚をつかんだら、次はフットワークと打球を組み合わせた練習に入ります。

ここでも足の動かし方は気にしなくてOKです。ただし、足を動かさず、腕を目いっぱい伸ばして打ってもフットワークの練習にはなりませんので、【HOP】で学んだ体を近づけるということを常に意識してください。

How to Play

フォアクロスでフォアハンドのラリーを行い、打球するごとにバック側に移動し、フリーハンドで台の角（バック側）をタッチし、打球とタッチを繰り返す。最初はゆっくりと行い、徐々に速くしていく。バックハンドの場合は、バッククロスで行い、フリーハンドでフォア側の角をタッチ

フォアハンド

■「切り替え」のレベルアップにも「逆サイドタッチ」

この逆サイドをタッチするという練習は、フットワークだけではなく、フォアハンドとバックハンドの切り替えをスムーズにする効果もあります。

切り替えが苦手な人は、ラリー中にフォアハンドかバックハンドのどちらか打ちやすいほうに体勢が偏ってしまうことがよくあります。そういう人は、逆サイドタッチの練習をすることで、その偏りをなくし、フォアもバックも打てる、ニュートラルな体勢を作ることができます。

同じ位置、同じ体勢で、同じ打法をただ繰り返す練習は、あまりオススメできません。初級者のうちから、このような動きのある練習をどんどん行うようにしましょう。

逆サイドをタッチすることで、ニュートラルな体勢を作り、切り替えのレベルアップにつながる

バックハンド

3 JUMP

フェンスにタッチでさらに大きく速く動く！

大きく動きつつ、安定した打球を心がけよう

次はより大きく速く動けるようにするために、【STEP】と同様の練習形式で、今度は台から少し離れた位置に置いた「フェンスにタッチ」という練習をします。

気をつけたいのが、打球時のフォームを崩《くず》さないということ。腕を伸ばしてギリギリ間に合い、当てるだけの打球になってしまっては効果はありません。安定した打球ができる範囲で、フェンスの位置や、球出しのテンポを調節していきましょう。

How to Play

卓球台から、横に1mほど離れた位置にフェンスを置く。【STEP】と同じ形式の練習を行い、フリーハンドで設置したフェンスをタッチする。フェンスの位置はレベルに応じて変化させる。また、2本打ってから1回タッチ、というようにフェンスをタッチするタイミング（回数）を変えても良い

フォアハンド

ただ腕を伸ばすのではなく「体で近づく」を忘れずに！

フォアハンド

バックハンド

バックハンド

飛びつきフットワーク

遠いフォア側のボールを打つ時に必要な技術

たとえば、バックサイドのボールをフォアハンドで打球し、その後に空いたフォアサイドを狙われた場合、かなり大きくフォア側に動きながら打球しなければなりません。左右のフットワークの中でも、このようにフォア側に大きく動くフットワークを「飛びつき」と呼びます。

この飛びつきを身につけると、より大きいフットワークが可能になり、プレーの幅も広がります。また、フォア側の遠いボールを逆にチャンスボールに変えることもできるので、試合の流れを大きく引き寄せるプレーにもなります。遠いボールに対し、簡単にあきらめず、飛びつきを使って正確に返球する、粘り強いプレーを目指しましょう。

フットワークを駆使したプレーで活躍する日本のエース・水谷隼選手。大きな飛びつきで厳しいコースにも対応

1 HOP

少し遠いボールは フォア側一歩で対応

まずは近いボールに対し 小さい動きの練習から

まず最初は少し遠いボールに対するフットワークからスタートします。打球する人は少しバックサイド寄りに立って、フォア側のボールをフォアハンドで打球します。少しだけ遠いボールを打つ場合は、フォア側の足を一歩出し、もう片方の足を寄せつつスイングすると良いでしょう。

この動きは、カウンタードライブ（p.68～72）でも有効なフットワークです。

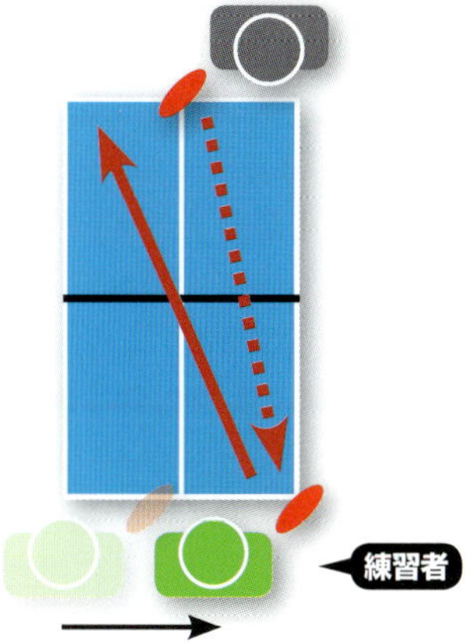

フォア側に動いて打つ

2 STEP 遠いボールに対し 左足で大きく踏み込む

遠いボールに対し、“飛びつき”ながら打つ

続いては、もっと遠い場合、右足一歩では届かないボールに対するフットワークです。一般的な動き方としては、まず右足をフォア側に出しながら、重心を右足に乗せて、次に左足をフォア側に大きく踏み出しながら、同時にフォアハンドのスイングを行います。また打球直後に体が外側（フォア側）に流れないよう、右足で支えることもポイントです。

ただし、必ずしもこの動きでなければならないというわけではありません。打球の位置によって、踏み出す左足の位置も変わります。大切なのは、体を近づける意識と、体勢が崩れずにスイングできるということ。足の出し方ばかり気にしすぎると、スイングがおろそかになってしまうので気をつけましょう。

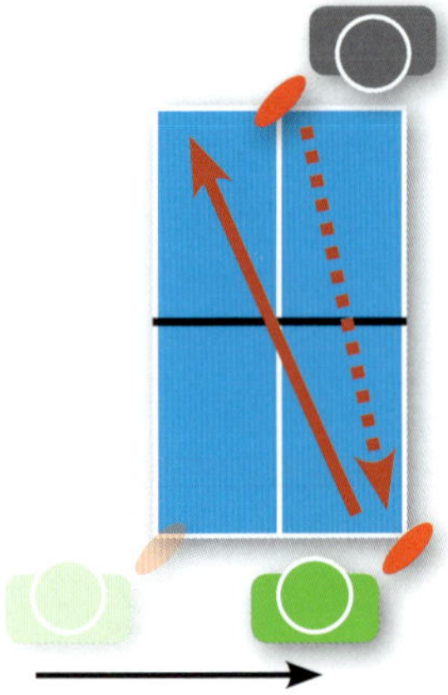

バックサイド寄りからスタート

POINT
打球後、体が外側に流れるのを、右足の支えで防ぐ

START

3 JUMP フェンスを置いて前に飛びつこう！

後ろに下がらないよう前に出る意識を身につける

【STEP】で学んだ「飛びつき」の動きで注意したいのが、後方に飛ばないということです。特に動き出しが遅くなると、後方に行きやすくなり、台から離され、不利な状況になってしまいます。そこで【JUMP】では、「前に飛びつく」意識を高める練習を行います。下写真のようにフェンスを置き、フェンスの外側を回ってから、斜め前に飛びついて打球するのです。バックサイドで後方に下がっておくことが、この練習のポイントです。

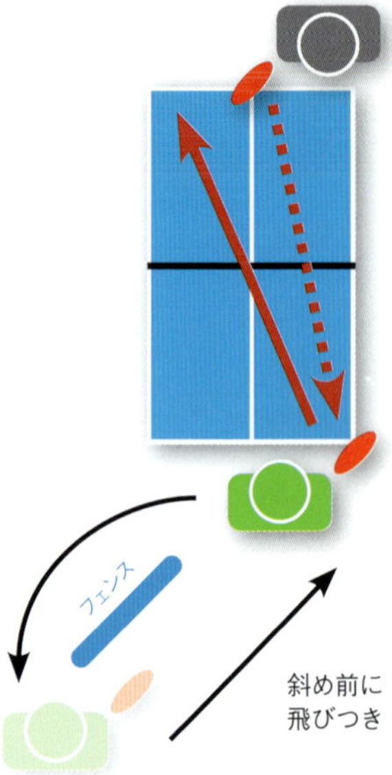

様々なフォームに挑戦しよう！

フットワークでは出す足の順番を気にしすぎない！

フットワークの話でよく耳にするのが、「どちらの足から出したほうが良いか」といった話題です。「動く方向の足から」「その逆から」。または「二歩で動く」「三歩のほうが良い」など様々な議論があります。そういった話題に対し、私としては、「出す足の順番を気にしすぎないほうが良い」と考えています。

実戦では、実に様々な状況が次々と展開されます。それらに対し、適切なフットワークも様々です。状況に応じて、柔軟に動かないといけません。そういった中で、必要以上に足の出し方を気にしすぎてしまうと、柔軟性がなくなり、逆に対応力の低いフットワークになってしまうのです。

フットワークで悩んでいる人は、まずは足の出し方は忘れてください。シンプルに「ボールに体を近づける」意識だけを持ち、このレッスンで紹介する3ステップに挑戦してみましょう。徐々に動きながら打つことが簡単になっていくはずです。そして、場面に合わせた動き方を自分なりに探すのも楽しみのひとつです。

フットワークも大切だけど予測能力も向上させよう！

また、動きが遅くて悩んでいる人へアドバイスしたいのが、「フットワークよりも、予測能力を上げたほうがより効果的」ということです。

当然ながら、前後左右にすばやく動けるに越したことはありませんが、それ以上に「予測を早くして、早く動き出す」ことのほうが卓球では重要なのです。

p.112 ～ 117で紹介した予測能力を向上させる練習は、応用すればフットワークの練習にもなるので、工夫をして両方を鍛えてほしいと思います。

前後のフットワーク

ボールの長短に対応するための前後の動き

ここまでは左右のフットワークについて学んできました。続いては、「前後のフットワーク」を練習していきます。

前後のフットワークは、ショートサービスに対するレシーブからの展開や、台から離れた位置（中・後陣）でのプレーなど、ボールの長短に対応しなければならない様々な場面で必要になる動きです。

ここでもポイントは「ボールに近づく」イメージです。足の動かし方は気にしなくてOK。では前後のフットワークの3ステップをやってみましょう。

多彩な動きを身につけるために

フットワーク練習は 時短多種！

ここまで紹介してきたように、フットワークというのは、様々な動き方があります。さらに打法やコース、ラリー展開なども組み合わせると、実戦で使うフットワークは数え切れないほどです。そこで、フットワーク練習を行う時は、そのような様々な動きに対応できるよう、たくさんの種類を行うことが重要になります。

たとえばフットワーク練習の時間が30分あった場合、約10分のメニューを3種類程度行う人が多いと思いますが、もっとひとつのメニューの時間を短くし、たとえば3分の練習を10種類行うのです。1種類の練習を長くやるよりも、たくさんのメニューを行い、動きの柔軟性を高めたほうが、フットワークのレベルアップは早まります。私は、この練習の考え方を『時短多種《じたんたしゅ》』と呼び、重視しています。

特にフットワーク練習を「動くための練習」と勘違いし、とにかく大きく動いて疲れるまでやっているような人は、改めて練習の目的を考えてください。

ちなみに、『時短多種』は、フットワーク以外にも応用できる考え方ですので、柔軟性や対応力を高めたい場合は、取り入れてみると良いでしょう。

1 HOP ネットにタッチからのおなかでキャッチ！

おなかに当てることで、体から近づく感覚をつかむ

　前後のフットワークも、最初はラケットを持たない練習からスタートします。ネットをタッチする、おなかで受けるという具体的な目標を作ることで、動きがわかりやすくなり、練習も楽しくできます。送球者は、練習者の動くスピードに合わせて、ボールを出すテンポを調節しましょう。

How to Play

送球者は、練習者のバックサイドに連続してボールを送る。練習者はそれをおなかで受け、直後にバック側のネットを触り、これを繰り返す

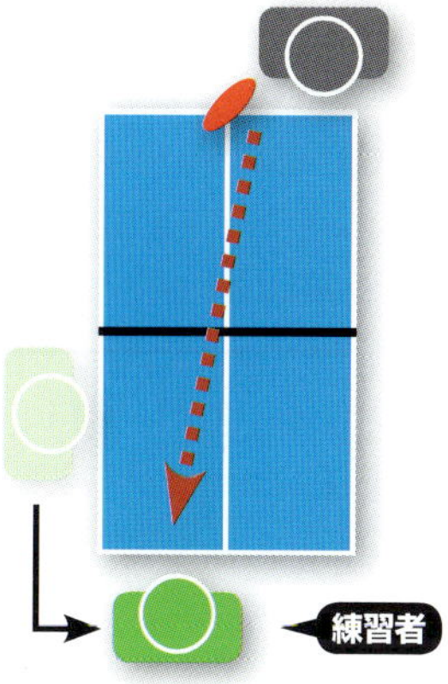
練習者

ネットにタッチしてから
戻って、おなかで受ける

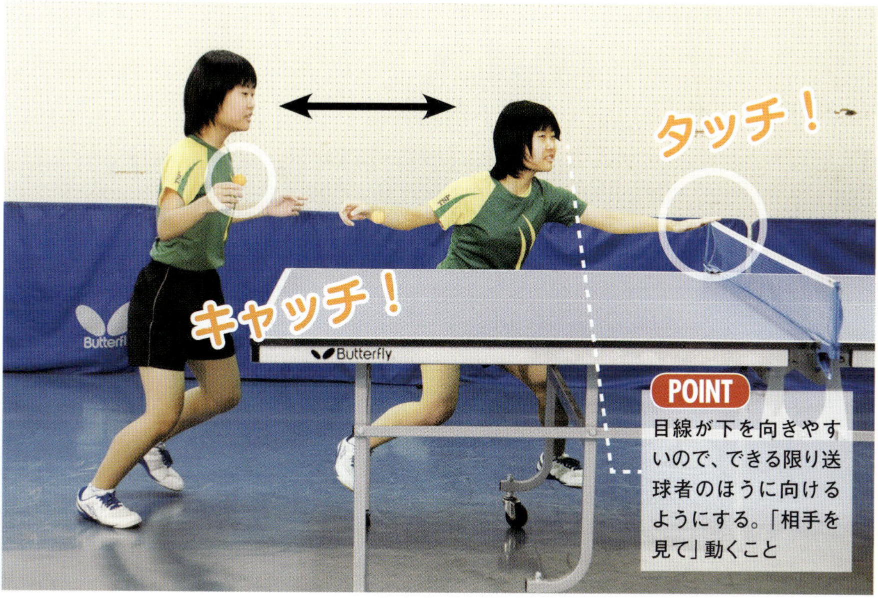
タッチ！
キャッチ！
Butterfly
POINT
目線が下を向きやすいので、できる限り送球者のほうに向けるようにする。「相手を見て」動くこと

2 STEP

前後に動きながら フォアハンドで打つ！

前後に動きながらの打球にチャレンジ

続いては、前後のフットワークを入れた打球練習です。通常のフォアハンドのラリーを続けながら、一球ずつ前後に動くことで、フットワークを学びます。

動く距離は【HOP】と同程度でOK。だいたい2歩くらいで動いてから打球します。動いた後、打球しやすい体勢を作れるように意識しましょう。

この練習では、打球する位置も変化するので、台から近い時の打球と離れた時で打球の強さを変えるのもポイントです。前で打つ時は、ブロックや軽いカウンタードライブのイメージで打球し、後ろで打つ時はやや強めのドライブ（確実に返球できる範囲）で打球します。

フットワーク練習では、フォアハンドの練習が多くなりがちなので、意識的にバックハンドでも行うようにしましょう。

後方へのフットワーク

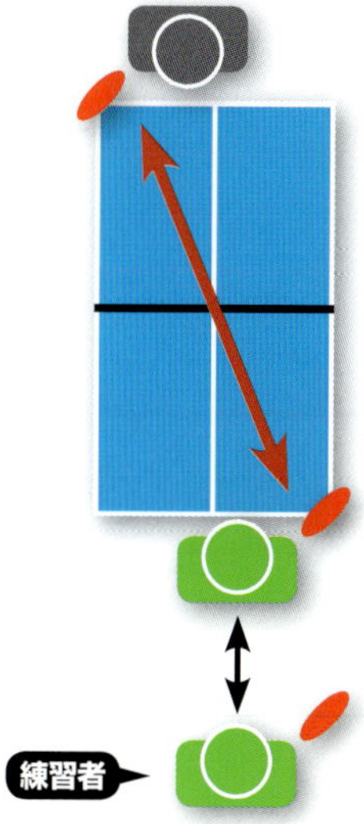

How to Play

フォアクロスでフォアハンドのラリーを続けながら、練習者は前後に動いて、台から近い位置と遠い位置の両方で打球する。「1球ずつ」動いたり、「前1球後ろ2球」でやるなど、いくつかのパターンで規則的に行い、最終的には不規則に動く。同様にバックハンドでも行う

**フォアハンドだけではなく
バックハンドでもやろう！**

前方へのフットワーク

3 JUMP

フェンスを回って 前後に大きく動く！

動かざるを得ない状況を作る

最後の【JUMP】では、より速く動けるようにするため、少しハードな練習に挑戦してみましょう。下写真のように後方にフェンスを置いて、その周りを一周して、前に出た時に打球します。動かざるを得ない状況を作ることで、さらなるフットワーク力のアップを図《はか》ります。ただし、動くことだけが目的とならないよう、安定して打球できるように注意しましょう。

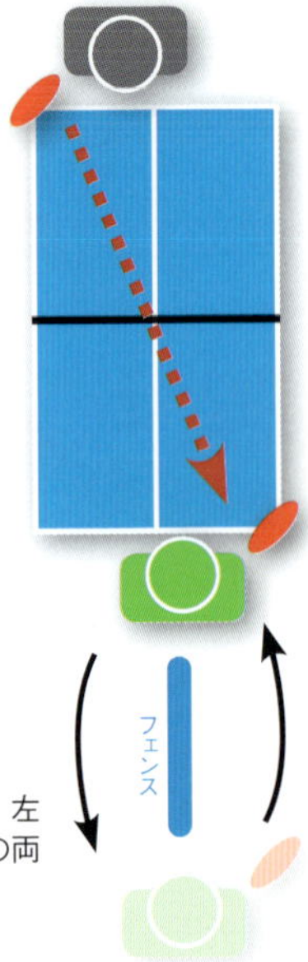

動きの方向は、左回り・右回りの両方で行う

How to Play

練習者の後方にフェンスを縦に設置。送球者が、練習者のフォアサイドにボールを出し、練習者は打球した後にフェンスを回って、再び打球位置に戻り打球。これを繰り返す。送球のテンポは、練習者がギリギリ間に合うくらいの早さで行う

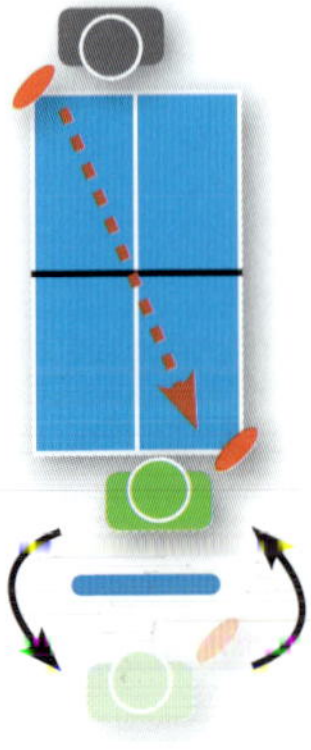

フェンスを横向きにすれば、左右の動きも追加できる。フェンスの置き方をいろいろと工夫して練習してみよう

フットワークのオススメ練習法

パタパタフットワーク

足を動かしながら打ち、安定感のある体勢を作る

フットワークには、これまで紹介したように「ボールに近づく」能力の他に、足を動かしながらも、「体勢を崩さずに打つ」能力が求められます。その安定感のある体を作るための練習がこの「パタパタ」という練習です。

両足を交互に上下させながらラリーを行うことで、不安定な状態でスイングする能力を高めることができます。最初はゆっくりと「パタパタ」を行い、慣れてきたらすばやく動かし、ラリーのテンポも早めていきましょう。

また、ボールが来る位置に合わせて、パタパタを行いながら左右に微調整を行うことで、小さいフットワークを身につけることにもつながります。

How to Play

両足を交互に上下させながら、フォアクロスでフォアハンドのラリーを行う。慣れてきたら、足を動かすスピード、ラリーのテンポを早くする。また同様にバックハンドや、両ハンド（コースはランダム）で行う

実戦的なフットワーク

どこに来るかわからない状況での動きを鍛える

ここまでフットワークの基本を学んできました。では、それらを応用して、実戦的なフットワークの習得に入ります。

「実戦的」とはどういうことかと言うと、試合と同じく「どこにボールが来るかわからない状態」ということです。ここからは、コースを規則的ではなく不規則、つまりランダムにして、フットワーク練習を始めていきます。

レッスン5で学んだフォアハンドとバックハンドの切り替え、予測能力なども必要になりますので、フットワークと一緒にそれらも意識しながら、練習を行いましょう。

実戦力を高めるために
もっとランダム練習をやろう！

試合で生きる実戦力をつけるためには、コースを決めないで行う「ランダム練習」をたくさんやらなければなりません。しかし、初級者の練習を見ていると、かなり上手にラリーが続くようになっているのに、ずっとコースの決まった練習ばかりやっている、というケースを目にします。特に練習に対してまじめな人ほど、そういう傾向があります。もちろん、純粋にラリーを楽しみたいという人はそれでも良いと思いますが、もし試合で勝ちたいならば、もっともっとランダム練習を取り入れたほうが良いでしょう。フォアクロスやバッククロスと同じように、ランダムもコースのひとつとしてとらえ、当たり前のように練習するのが理想です。

「ランダムは基本がしっかりできてから」という指導者もいると思いますが、結果的には早いうちからランダム練習にも取り組んだほうが上達は早くなりますので、どんどん新しい技術、レベルの高い練習にチャレンジするようにしましょう！

1 HOP

まずはゆっくり 全面ランダム

ゆっくり動いて返球。ミドルのボールに注意

最初はランダムの動きに慣れるために、ゆっくりとフットワーク練習を行います。ここでポイントとなるのが、フォアハンドとバックハンドのどちらで打つかを迷う、真ん中のコース「ミドル」を意識的に攻めてもらうことです。これでより実戦的な練習に近づきます。

多球練習で行うこともできますが、練習者を左右に動かす相手にとっても良いコントロール練習になるので、ラリー練習で挑戦してみましょう。

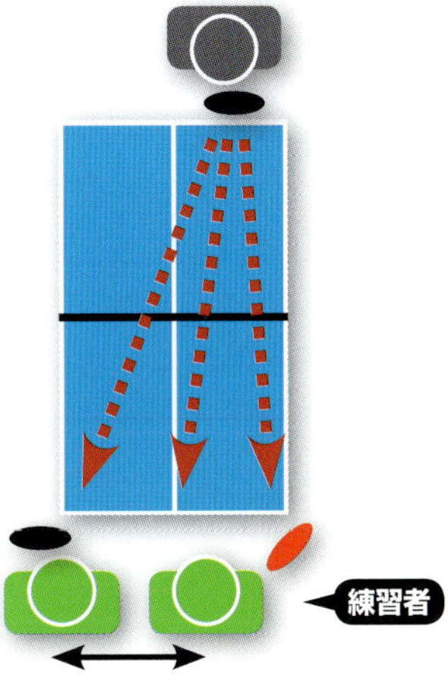

How to Play

練習者は両ハンド、相手はバックハンドで全面のラリーを行う。練習者はすべて相手のバックに返し、相手はランダムに返球

2 STEP スピードアップでより実戦的に！

声がけ、音楽をかけての練習でリズム感もつかむ

【HOP】の練習である程度続けられるようになったら、同じ練習形式で徐々に打球のスピードを速くし、ラリーのテンポを上げていきます。当然、フットワークの動き、ラケットの動きも速くしなければならないので、高いレベルの練習になっていきます。

練習効果を上げる工夫として、相手の選手が「ハイ！」と打球時に声を出してあげると、動きのリズムがとりやすくなって、フットワークがスムーズになります。

また、練習中にアップテンポの音楽をかけて行う方法（その名も「ノリノリ練習」）も、リズムに乗りやすく、普段は苦しく感じるフットワーク練習が楽しくできるのでオススメです。

3 JUMP ラリーが続いたら攻めに転じる！

回数制限をすることで、得点を狙う意識を作る

実戦ではただ安定してつなげているだけではいけません。最終的に自分の得点につなげることが、あらゆる練習の目標と言えます。そこで【JUMP】では、今まで行ってきたランダム練習の中に、自分から攻めて得点を取りに行くというプレーを組み込みます。「○往復続いたら、攻める」という形式の練習です。往復の回数は自由ですが、実戦でのラリーはだいたい4往復前後なので、これくらいが適切でしょう。

How to Play

【HOP】【STEP】と同じ形式でランダム練習を行い、「4往復」続いたら、5往復目から練習者が攻めを仕掛けていく。回数は練習者のレベルに応じて決めて良い。ラリーのテンポは、ギリギリで指定回数に達するかどうかの速さに設定すると効果的

あとがき

この書籍を通して、普段から私が意識して、少しでも楽しく、効率的に、上達が実感できるように練習や指導していることをお伝えしました。また、読者の皆さんが、卓球におけるそれぞれの具体的な技術を使う場面を想定し、3ステップでの練習を紹介しました。ぜひ、それぞれの目標や目的に合わせて練習にチャレンジしてみてください。

それぞれの練習方法については、【HOP】からスタートするだけではなく、場合によっては【STEP】から練習したり、また【JUMP】だけ練習するなど、選手のレベルや目的に応じて柔軟に挑戦してください。もしうまくいかなければ、また前の段階に戻ってから再チャレンジすると良いでしょう。技術によってはもっと細かい段階に分けて練習したほうが良い技術もありますが、あまり細かくして初心者の人たちが混乱してしまっては意味がありません。また、途中にあるコラムなどもチェックし、参考にしながら練習することで、さらに選手の皆さんに合う「自分流練習法」がきっと見つかるはずです。本書を参考に、練習方法の「工夫の仕方」や「考え方」を学んでもらい、各チームや選手個人でも、楽しく考えながら効果的な練習ができることを願っています。さらに、本書のアイデアを参考にして、そこからそれぞれのアイデアをどんどんメンバーで出し合って、「チーム作戦会議」の材料にすることも良いのではないでしょうか。

どんなに良いと感じる練習でも、自分で取り組みながら、場合によっては友だちや監督・コーチと相談し、それぞれの練習成果が見られているかを検証（チェック）することが大切です。いつもプラス思考で、練習時には「きっと自分はできる」と考え、取り組んでみましょう。できない練習やできない技術はありません。特に初心者の方々は、「その技術が必ずできる」というイメージを持ち続けて練習してください。日本チャンピオンや世界チャンピオンも始めはみんな初心者です。どんな選手たちも、最も簡単な技術である【HOP】から始まったのです。ぜひ、一つひとつの練習を楽しみながら取り組んでください。

練習時間においては、どんな選手もチームも、それぞれの事情で何らかの制限があることでしょう。時間が有限（限界がある）であればあるほど、私たち人間に与えられた無限（限界がない）に広がる「考える力」「工夫する力」を最高の練習アイテムとして活用し、練習に生かしてください。本書を見て、日本の各地で多くの新しい練習法が発見され、新しい技術が発明されることを期待しています。

卓球競技の上達法は、自らが無限の工夫にチャレンジする姿勢から始まります。読者の中からも、さらに卓球のおもしろさや難しさを学び、楽しみ、卓球をさらに好きになり、広げてくれる人がひとりでも多くなることを願っています。

大橋宏朗

大橋宏朗氏の 書籍 & DVD

本作『卓球 3ステップレッスン』の続編!

書籍 卓球 3ステップ レッスン 2《ツー》

カット・粒高・ダブルス編

- Lesson 1：カット
- Lesson 2：粒高プレー
- Lesson 3：ダブルス
- Lesson 4：強くなる練習の考え方

グングンうまくなる
大人気ブック!

■定価：本体1,300円+税
■A5判／ 160ページ
ISBN978-4-901638-45-6

動画でよりわかりやすくなった“3ステップ”DVD

DVD 卓球 3ステップ レッスン 【前・中・後編】

前 編

■約150分
■商品番号　D-050
3,333円+税
●主な内容
①グリップ（握り方）
②感覚練習
③フォアハンドテクニック
④バックハンドテクニック
⑤切り替え＆ラリー

中 編

■約120分
■商品番号　D-051
2,857円+税
●主な内容
⑥サービス
⑦台上技術＆レシーブ
⑧フットワーク

後 編

■約120分
■商品番号　D-052
2,857円+税
●主な内容
⑨カット
⑩粒高プレー
⑪ダブルス

「子どもの可能性を伸ばす」ための一冊!

書籍 「先生、できました!」

中学校で教鞭をとりながら、卓球部の監督として多くの生徒を指導してきた大橋氏が、自らの体験をもとに、子どもの無限大の能力を伸ばし、笑顔を作る方法を、あたたかい目線で説いた。

■定価：本体1,300円+税
■四六判／ 180ページ
ISBN978-4-901638-40-1

※DVDは、お近くの卓球専門店・スポーツ店でお求めください
（一部取り扱っていない店舗もございます。書店では取り扱っておりません）

※卓球王国へ直接ご注文いただく場合は、弊社に直接お問い合わせください
TEL：03-5365-1771　　FAX：03-5365-1770

卓球 3ステップ レッスン

2013年6月15日　初版発行
2015年4月30日　第2版発行

著者　大橋宏朗
発行者　今野　昇
発行所　株式会社卓球王国
〒151-0072　東京都渋谷区幡ヶ谷1-1-1
電話　03-5365-1771
http://world-tt.com
印刷所　シナノ書籍印刷株式会社

ISBN978-4-901638-39-5